本当のところどうなの？

本音がわかる！　仕事がわかる！

社会保険労務士 社労士の「お仕事」と「正体」がよ〜くわかる本

［第2版］

特定社会保険労務士
久保輝雄 著

秀和システム

社会保険労務士を目指す人へ

世の中の社会保険労務士は、なぜ社会保険労務士を目指したのか。そして実際に働いてみてどう感じたのだろう？

もちろん10人が10人、同じ答えなわけがない。それぞれに目指した理由は様々だし、その結果も全く違ってくる。世の中に多くの仕事がある中で、資格が必要である社会保険労務士を選ぶのは何か理由があるに違いない。

他の士業として活動する傍ら、自己研鑽の為に勉強して合格した社労士資格が、今では収入のベースにもなっています。社労士の仲間も増え、公私ともに楽しく過ごしています。

（Oさん　40代男性）

営業職から本社の人事職へ異動になった事がきっかけでこの資格を知りました。知識の維持の為に勉強を続けていたので合格した時は自分が1番驚きましたが、30年以上も勤務出来ているのは、この資格のお陰だと思っています。

今では社労士である事が私の誇りです。　（Sさん　50代女性）

上司に勧められて、何となく目指した社会保険労務士。

こんなに大変だと思わなかったけど、逆に、こんなに誰かの役に立てることがあるとも思いませんでした。ちっぽけな自分に人生の厳しさとやりがいをくれた資格です。　（Jさん　40代女性）

仲の良い後輩がメンタル休職したことがきっかけで社労士取得を目指しました。現在は勤務社労士として、従業員がモチベーション高く、働きやすい職場となるよう縁の下の力持ちを目指して日々奮闘中です！

（Mさん　30代男性）

資格取得のきっかけも現在の状況も様々だが、すべては社会保険労務士になってみなければわからないのである。

この本を読み終えた後、あなたにとって「社会保険労務士」はどんな存在になっているだろうか…。

プロローグ

社会保険労務士ってどこにいる？

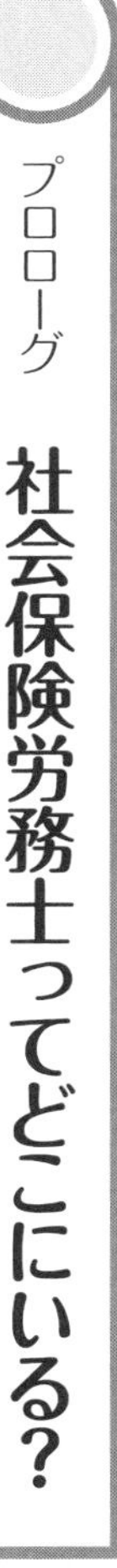

この本を手にとられたあなたは、なぜ社労士に興味を持たれたのだろう？

２０２０年から世界的な感染の広がりを見せた新型コロナウイルスは、人々の生活も仕事のありようもいっぺんに変えてしまった。政府により緊急事態宣言が発出されたことに伴い、学校を含む施設の使用停止、音楽やスポーツイベントなどの開催の制限、飲食店の営業時間の短縮などにより、国民は感染防止のため移動を伴う行動の自粛を求められた。

医師や看護師をはじめとした「緊急事態宣言時でも事業の継続が求められる事業者」であるエッセンシャルワーカー以外の労働者は、出勤することも減り、社内の会議や取引先との打ち合わせはオンラインで行うことを余儀なくされた。仕事終わりの上司や同僚との飲み会もなくなり、一日中自宅で過ごす日々が続いたのである。これをきっかけにコロナ禍以前はほとんど導入が進まなかったテレワークがあっという間に浸透したのである。

人が働く世の中で、全く問題が生じない場所はないと言っても過言ではない。今はうまくいっているように見えても、時がたって時代が変わっていく中で社会も法律も人々の意識も変わり、その上働く人も入れ替わっていく。一日として同じ日は来ないのだ。まして、コロナ禍のような非常事態下で働き方も生活も大きく変わるような場合は尚更である。社労士の存在意義がさらに高まるときである。

このコロナ禍で初めて「社会保険労務士」を知った人もいるかもしれない。「緊急事態宣言下で休んだ場合、お給料はもらえるの？」「子供が通う保育園が休みになってしまうと、仕事に行けない。どうしたらいい？」といった切実な状況に直面してネット検索をした際に、厚生労働省のホームページ上に出ていた助成金手続きの解説動画であったり、Q＆Aの記事やブログなどで名前を目にしたり。コロナ禍のようなことはもう二度とあって欲しくはないが、社労士という資格、仕事に興味を持っていただけたことは、社会保険労務士をしているものにとっては嬉しいことだ。

社会保険労務士って？

自分がまだ大学生だった頃、社会保険労務士という資格があるなんてことすら知らなかった。法学部に在籍はしていたもののたいして勉強もせず、「とりあえずどこかに就職して社会を知らなきゃどうにもならないな」なんて言ってモラトリアムを楽しんでいた学生にとっては、当然であったかもしれない。

いや、実際社会に出て働いていたって、「社会保険労務士って保険屋さんですか？」という人はまだたくさんいる。だいぶ変わってきたとはいえ、知られていないというのが社労士という存在ではないだろうか。社労士の資格ができてから五十年が経ち、諸先輩方の尽力により環境が変わってきたことは感じるが、それでも今皆さんが家族や友人に「社労士の資格を取る」と言ったらとりあえず「へぇ、すごいね」と言われるかもしれないが、その後に「それで、なにする仕事なの？」と尋ねられることは十分にありうる。そしてそれを説明しようとするあなたも「社会保険労務士ってのは、国家資格でね……」と言ってそのままあいまいな説明をするだけになってしまうかもしれない。

なんせ、社会保険労務士がテレビやラジオなど、一般の人の耳目を集めることは非常に少ない。同じ「士」

のつく弁護士や行政書士などは、ドラマの題材になったことで仕事のイメージもわくかもしれないが、社会保険労務士の仕事にはドラマ性がないのか、そういったものの題材として扱われたことがなく、私は知り合いの社会保険労務士と「僕らの仕事にはドラマチックな展開は起こりえないんですかねえ。」なんてこぼしたりもしたものである。

しかし、コロナ禍のような恐ろしい映画のような現実が起きて、なんでもなかった日常が脅かされるようになると、我々のような専門家の存在感が増すことになるのである。我々専門家が活躍する場には、多かれ少なかれ、トラブルの芽やトラブルそのものが存在するので、本来ならばない方がいいという考え方もある。しかし我々社労士は、トラブルというマイナスな要素だけでなく、人々が働き易い環境を作るサポートをするという役割もあるので、プラスの要素も持っているのである。

まあ実際のところは、やはり我々は縁の下の力持ちでいるべきであろうし、華々しく活躍するというよりも依頼者のトラブルを未然に防ぎ、依頼者とそこに関わる人の幸福を第一に考えていきたいと思っている。

いろいろある！ 社会保険労務士のスタイル

社会保険労務士という、不思議な資格。本書が、そんな社会保険労務士というものに興味を持ち、資格を取ろうとする皆さんが「資格を取る」「実務を覚える」「社会保険労務士として仕事をする」イメージを持つための一助になれば幸いである。

次ページから、社会保険労務士のスタイルを簡単に7つのパターンにまとめたが、複合型や応用型もあるのでご自身の目標や環境に合わせてイメージしていただきたい。

①一人で独立

いわゆる「独立開業」である。これを目指して社会保険労務士の資格を取る人も多いだろう。独立開業する多くの社会保険労務士が一人で事務所を開くケースが多い。開業当初から資金が潤沢で顧客も多い、ということはあまりないので、事務処理から営業まですべて一人でこなさなければならない。そのため「事務所（オフィス）」という形にこだわらず自宅で開業するケースも少なくない。

多くの業務をこなすようになり、仕事が増えてくると配偶者に手伝ってもらったり、社会保険労務士有資格者を含む補助者を雇い入れたりして事務所を拡大していくのだが、事務所をどのように運営していくかはまさに本人次第で、一国一城の主として、多くの職員を雇用して大きくしていくもよし、顧客の数を絞って個々の顧客への手厚いサービスをじっくりと行っていくのもよし、である。どのような方向性で事務所を経営していくか、それを自分で決めて実践していけるのがまさに自由業の醍醐味である。

自分の働き方を決められる、という自由度を活かして開業する女性社会保険労務士も多い。自分で調整することで、子供の保育園への送り迎えなどにも対応がしやすいのだ。もちろん、そういった対応で問題ない顧客ばかりでないし、子供を寝かしつけてから仕事をするなど工夫も努力も必要となるが、それらを含めてどこまでやるかを自分で決められるのである。

就業時間を決められてしまうサラリーマンと違い、仕事をするもしないも自分で決めることができるので、上手な時間の使い方ができるかどうかが肝となるが、限られた時間の中で集中して仕事をすることで仕事とプライベートにメリハリがつき、やりがいを感じながら仕事ができるのである。

②他士業との合同事務所

士業というのはそれぞれに独占業務を持っているため、例えばある一つの企業に関わる場合はそれぞれに持ち場が違ってくる。例えば法人を設立する場合、定款の作成を行政書士が、法人登記を司法書士、税務を税理士、社会保険事務を社会保険労務士が、という具合だ。自身のところに来た顧客がスムーズに次の手続きが行えるように、多くの士業はそれぞれに紹介先を持っているのだが、それを一箇所（ワンストップ）で提供できるようにと作られたのがこの形態である。

各士業が対等な形で「合同事務所」を構える場合もあれば、税理士などが代表となって事務所を構え、そこにほかの士業が雇用されるまたは事務所スペースを間借りする形で控えている場合もある。

依頼者にしてみれば、あちこちの士業の事務所を訪ねてまわるよりも一箇所で事が済み、依頼する業務に関わる必要な情報の伝達も士業側で行われることから非常に利便性が高い。また参画する士業にとっても効率的に仕事を取れる点や、同じ空間（建物・フロア）にいる他士業への相談が気軽にできるなどのメリットがある。

ただし、その形態によっては士業が集まっているだけで「あくまで別の事務所」という形で運営され、あまり利便性を見いだせない場合や、士業間の関係性がうまく築けず結局分裂してしまうこともあるため、お互いの信頼関係が非常に重要な要素となる。

また、資格によっては事務所のあり様などによって守秘義務の関係から認められないケースがあったりするので注意が必要だ。

③ 社会保険労務士事務所または社会保険労務士法人の代表

①で独立開業した社会保険労務士の事務所が大きくなって発展したのがこの形である。東京や大阪など大都市圏には社会保険労務士や補助者を多く抱える大事務所や社会保険労務士法人が多く存在する。個人で始めた事務所が多くの顧問先と職員(社会保険労務士&補助者)を抱え、その後法人化して社会保険労務士法人になる、というケースが一般的だ。その社会保険労務士法人の代表社員(ボス)は社会保険労務士業界で役員などを歴任するなど、業界の中でも有名だったりする。

事務所や法人の規模にも大小あり、個人事務所がそのまま少しずつ人数を増やしていく過程の事務所・法人であれば実務も営業も両方こなすといった状況は①とあまり変わらないであろう。しかし、有資格者を何十人も抱えるようなクラスになると自分で業務を処理することはほとんどなくなってくる。業界や顧問先経営者とのお付き合いが多く、事務所に顔を出すのも月に数えるほどだったりする。手続きなどの実務はほとんど事務所の職員に任せ、自身が行うのは特別なコンサルティングや営業などの事務所経営に関する部分が主となる。実際、筆者が勤務した事務所のボスも夕方以降は業界の会合などで外出していたため、事務所にいることは非常に少なかった。

業界内で「大御所」「重鎮」と呼ばれる人たちは単に実務ができるということだけではなく、事務所を大きくするという経営的な才覚を含めて業界の発展のために尽くしてきた人たちである。経営的な成功はそれとして、あくまで一社会保険労務士として経験を積み上げ個人として実務をやっていきたいという人は、①のままで一歩一歩進んで行くのが良いだろう。

④ 社会保険労務士事務所または社会保険労務士法人の職員

自分の名前で仕事をするのではなく、所属する事務所のボスもしくは法人の名前で仕事をする形になる。社会保険労務士としての登録も勤務登録という形が多く、あくまで一職員の立場である。独立しようにも実務経験もなく、営業を含む事務所経営のノウハウもない場合、まずは勤務して経験を積んだ後に独立するというのが理想的な形であろう。

社会保険労務士事務所や法人に勤務する人すべてが資格を有しているわけではない。毎年受験して資格を目指す人もいるし、表面的には違うかもしれないが資格を目指すことなく日々自分の仕事を堅実にこなす人たちもいる。これは事務所によって異なるが、必ずしも資格を有していなければ採用されないわけではなかったりするので、まずは実務から、と飛び込んでくる人も多い。

実務経験がなければ採用即戦力とはならないが、資格の有無で任される仕事は変わってくるのでより多くの仕事を覚えたいのであれば最終的には資格を取る必要があるだろう。ボスの名前で仕事をしているとはいえ、顧客と直接向き合うのは職員であるから、そこに資格の有無というのは非常に大きな要素となる。顧問先(依頼者)からしても社会保険労務士事務所と契約していることを考えれば、アドバイスの内容がたとえ同じであっても資格の有る無しで受け取り方が違ってきてしまうこともあるからだ。

そうして経験を積む中で、ボスの信頼を得て事務所の中で管理職的地位が与えられたり、法人にあっては法人社員になるという可能性もある。これはこれで、独立するのとはまた違った社会保険労務士としてのキャリアであり、「独立よりも出世を」と考えるのであれば良いであろう。

⑤健康保険組合・厚生年金基金の職員

こちらは社会保険労務士として、というよりも社会保険労務士が代行する手続きの受け手にまわることになる。健康保険の保険者として資格の取得や喪失、保険給付の申請を処理するが、社会保険労務士になってこの職業に就くというよりはこの職業についている人たちが資格を取得するというケースの方が多いだろう。健康保険組合にしろ、厚生年金基金にしろ、新規採用はあまり多くはなく、まして新卒採用などはもっと少ない。社会保険労務士として何かをする、というよりも業務に必要な知識を得るために社会保険労務士の資格を取るということが多いので、「職業」というより「資格」という認識の方が強いだろうか。

手続きを行う窓口にいることから「健康保険」「厚生年金基金」に限った知識や経験には当然のことながら非常に長けているが、あくまで一職員であるため組合員である会社にアドバイスまでは行わないということで資格を活かしきれないという思いを持つ人もいるようだ。そのため窓口で接する社会保険労務士の話を聞いて将来の「独立」を意識する人もいるようで、自身の持つ資格をどのように活かしていくか、模索をする人も多いようである。

「手続き」という一点集中ながら、業務と密接に絡むことは間違いないため、本人の勉強次第では他の制度との連携も含めて情報提供するなどして、組合員に対するサービスを向上させることにやりがいを見出していくなど工夫次第で資格を仕事に活かしていく道は十分にある。資格を持っていながら社会保険労務士としての登録をしないままの人が多いが、「別に独立するわけではないから」と有資格者のままでいるのではなく、社会保険労務士として積極的に登録することはムダになることではないだろう。

⑥コンサルタント会社等への勤務

コンサルタント会社と一口に言っても、様々な形がある。社会保険労務士の仕事は「会社で起こる、会社にいる人に関すること全般」の要素が含まれるため、例えば経営コンサルティングの一環で従業員の雇用に関してコストを含めたコンサルティングを行ったり、年金コンサルタントとして年金の分野に特化してコンサルティングを行ったりするのである。地方銀行や信用金庫などで年金相談を受けることで年金払込口座獲得の一翼を担っているのだ。また、労務管理の部分を労務コンサルティングとして独立させているところもある。これらはそれぞれ「コンサルタント会社」として株式会社のような形態で業務を行っており、一般的な社会保険労務士が行う手続き業務は行わない。あくまでコンサルティングを主にしているのだ。

こういったコンサルティング業務は社会保険労務士事務所や社会保険労務士法人でも行っているが、こと経営となると財務や営業などの要素も加わるため社会保険労務士単体では対応しづらい。そのため様々な要素に対応できるよう、コンサルタント会社では専門家が集まってチームを組んで行っていることが多い。社会保険労務士の業務の要素をそれぞれ特化させて活かす方法の一つである。

手続き業務と異なり、コンサルティング業務は会社によって「求められる正解」が異なるため、柔軟に対応するための経験や知識が求められる。顧客自身が解決できずに悩んでいる問題を解決するために、自分に足りない経験や知識、思考回路のクセを常に改善しながら取り組んでいくスタンスが求められるだろう。社会保険労務士に関する分野だけでなく、幅広く知識や経験を積むことに対する積極性が求められるのである。

⑦一般企業の人事総務担当者

いわゆる勤務登録の社会保険労務士としては、一番ポピュラーな働き方であろう。もともと一般企業に勤務していて社会保険労務士資格を取得するパターンや、社会保険労務士試験に合格してから人事総務担当部署に勤務する人材を募集している企業に勤務するパターンなど複数のパターンがあり、社会保険労務士資格を取得するきっかけによって異なるであろう。社会保険労務士の資格がなければこれらの業務ができない、採用されないというものではないが、従業員の福利厚生や社内の制度を整備する際や労務トラブルが多くなってきている昨今、社会保険労務士としての専門知識を持つ従業員は重宝される傾向にある。もちろん「資格を持ってさえいればよい」というものでは決してなく、法律や制度の知識をベースにしながら会社や従業員にとって一番良い選択肢を提示するための努力ができる人材が求められている。他の士業と異なり、このような勤務の形態が一般的でもある点が社会保険労務士の特色のひとつともいえる。

法律家でありながら従業員という立場を持つことから、どのような立場で考え、業務を行っていくかというスタンスに悩むことも多い。法律と現実の狭間で、従業員を含めた「会社のため」に自分に何ができるかを考え続けることとなり、結果として会社と折り合えずに退職を選択することになってしまうような人もいる。独立開業している社会保険労務士とは目線が異なる場合もあるが、独立開業したときには自身の経験則からの話が依頼者である企業担当者の共感を得やすいというメリットもあり、ここでしっかり経験を積むことが後の自分の選択肢を増やすことにも繋がるのだ。

社会保険労務士のスタイルを簡単に7つのパターンにまとめたが、スポットで発生する仕事としてセミナーでの講演や書籍等の執筆などを依頼されることがある。ここではこの2つについてもまとめて紹介しておきたい。

講演（セミナー）　人前で何しゃべる？

社会保険労務士として経験を積み、仕事をしていると、「講演をお願いします」と言われることが出てくる。依頼される内容は「社員に社内制度に関する説明や研修をしてもらいたい」だったり「人事総務の担当者を対象に法律に基づいた社員への対応の仕方を教えてほしい」だったり「集まった経営者に法改正による今後の会社経営への影響を話してほしい」だったりと、その時その時で規模やテーマは異なるが、社会保険や人事労務の専門家として、普段はお客さんと一対一の関係で話すような内容を、より多くの人に話すことになる。話を聞く人はその日初めて自分の顔と名前を知る場合も多い。その人数も少なくて十人程度から、多い時は百人を超えることもある。

「人前で話すのは、緊張しちゃうから苦手なんだよな……」と思う人も多いと思う。私も最初に外部に招かれて講演した際の聴衆が百人以上で、壇上で膝がガクガクしたことを昨日のように覚えている。しかし一度それを経験すると、あとは何人でも大して変わらない。さすがに武道館（一万人）では勝手が違うだろうが。

こうした講演を社会保険労務士がやることは、社会的にも仕事的にも非常に大きな意義がある。聞きに来てくれている人は「社内研修で強制参加」でもない限り自分の意思で申し込み、会場に来ている。お金も払って。そこには前向きな意思があり、自分が知りたいと思っていることを解決できるんじゃないかと大きな期待を持って来てくれている。

そこで講演者である自分ができること。その解決のヒントを与えることである。ただその結果、受け取る側ではいろんな反応がある。「そうか！　そうすればいいんだ」という人。「そうか、やるべきことはわかった。でも具体的にはどうすればいいんだろう」という人。「そんなこと言われたくらいじゃ、うちでは何にもできないよ」という人。当たり前だけど、様々である。個々の事情が全く違うからだ。

その後「具体的にはどうしたらいいのか」「何をすればよいのかわからないから個別に教えてほしい」と個別に問い合わせや依頼が来て、結果として顧問契約につながったりするのである。

人前でしゃべるのが得意、という人はそんなに多くはないかもしれない。もちろん社会人であれば、例えば会社の朝礼での一言や宴会での挨拶、結婚式のスピーチなどを経験している人も多いことだろう。しかし、それらは長くても三～五分程度。講演・セミナーは短くても1時間程度で、通常は質疑応答を含めて二時間程度となる。講演とは多少異なるが研修講師などをやれば終日（六～八時間程度）ということもある。

スピーチなら頑張って暗記して、多少間違っても「頑張って全部言えた！」で済むが、講演となるとそうはいかない。それだけの時間しゃべる、そしてしゃべるだけでなく聞いている人に届ける（理解してもらう）ことが必要なのだ。そのためには、テーマや対象者にもよるが「今日初めて人事労務の話を聞きます」というような人にもわかるくらい噛み砕いて説明できる能力が必要となる。それは当然、自分がしっかりと理解していなくてはできないこと。結局自分が勉強しておくしかないのである。

▼執筆　書籍を書きませんか？

執筆をしているのは社会保険労務士に限らず、士業にはたくさんいる。「目指せ印税生活！」という人もいないわけではなかろうが、業界誌等への執筆や本を出すことは自分を知ってもらい、そして自身の仕事に結びつけるという目的を持っているものである。かく言う私も、恥ずかしながら本を書くのはこの『社労士の「お仕事」と「正体」がよーくわかる本』が初めてではあったが、出版後挨拶代わりに「こういう本出しまして」と差し出すと、先方から「へぇ。」とびっくりした顔をされ、そのネタで話が弾んでスムーズに契約、なんてことがあったのでその効果はゼロではないだろう。この本はあくまで社会保険労務士に興味を持ってくれた人が読むものなのでズバ抜けた効果はないのだが（失礼！）、実務書などを書く人であればそれなりの引き合いはあるものと思う。

インターネット全盛と言えど、ネットの情報は正しいものだけではない。もちろん、出版された書籍にも間違いが全くないわけではないが、出版されるまでに多くのチェック工程があるため、その間違いはネット情報に比べると格段に少なくなる。

制度の改正などへの対応は、ネットに比べて時間がかかることは間違いないが、ある程度の信頼度を持って読んでもらえるのが書籍なのである。

近年は電子書籍が普及したため、以前に比べて格段に出版のハードルが下がった。出版社もビジネスであり、売れそうにない本を出すことはしないため企画を持ち込んでも採用されず、最終的には自分自身で相当な出費をして出版するといったこともあったが、最近では「まずは電子書籍から始めてみよう」と士業に呼び掛けるコーディネーターも数多く存在する。

文章を書くことが好きとか嫌いとかそれぞれあるとは思うが、先の講演にしても執筆にしてもこれをやることは社会保険労務士である自分の存在を知ってもらうことにつながる。その上で自分の知識や経験を多くの人に共有してよろこんでもらう。そして顧問契約などさらなる仕事につなげる、という道筋ができてくるのである。

Contents

03 社会保険労務士の試験、誰が受験できる?

第2章 試験に合格したら〔新しい未来へ〕

第3章 社会保険労務士の世界へようこそ［勤務登録編］

第4章 社会保険労務士の世界へようこそ［開業登録編］

第5章 社会保険労務士のお仕事【手続き・コンサルだけじゃない】

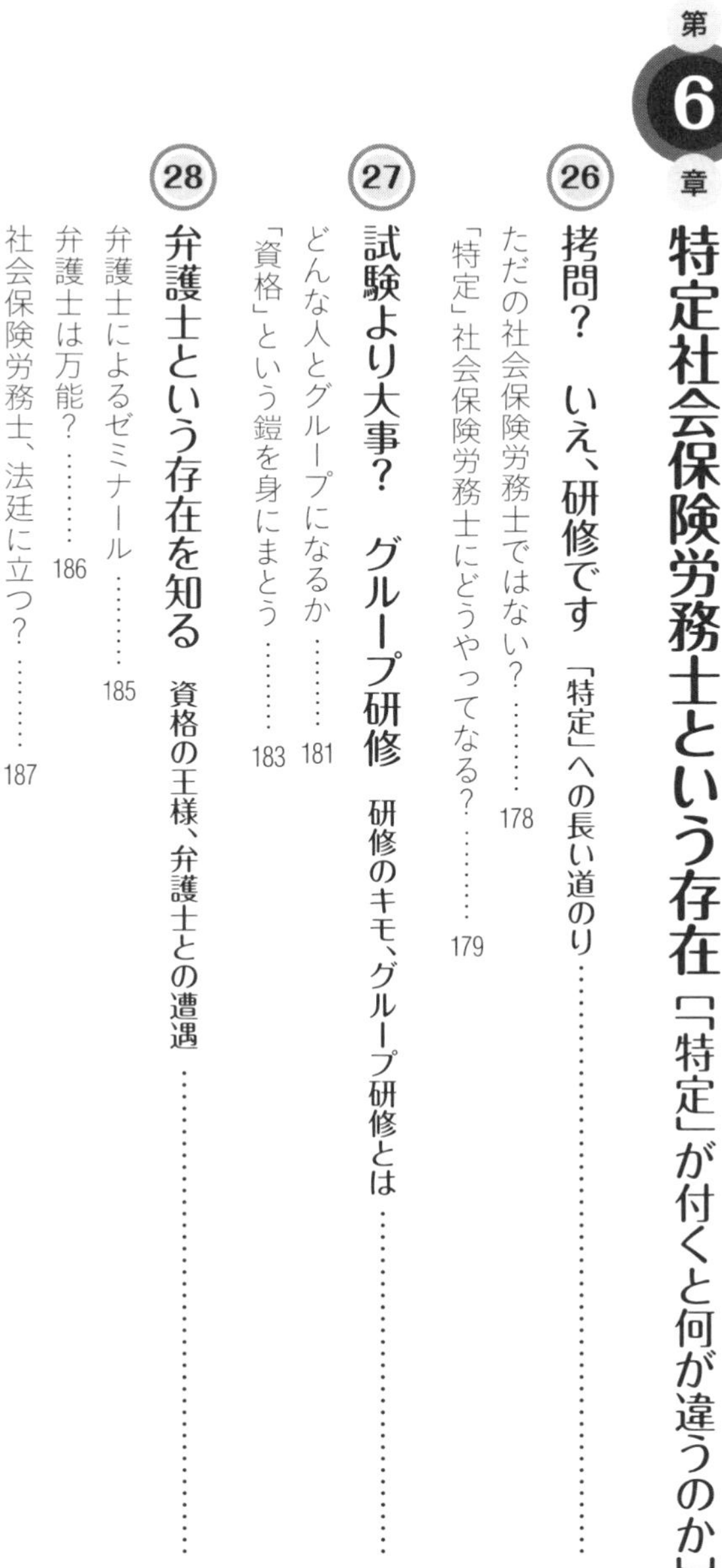

第6章 特定社会保険労務士という存在［「特定」が付くと何が違うのか］

第7章 社会保険労務士の私生活［社会保険労務士のプライベートとは］

第1章

社会保険労務士になろう

[国家資格者を目指す]

社会保険労務士とは

企業と労働者を守る専門家の実像に迫る

どういう人がなっている？

「社会保険労務士」と聞いてどんなイメージを持つだろうか。バラエティ番組やドラマなどに良く出ている弁護士と違って、具体的なイメージを持てるような存在が身近にいなければそれすらも難しいのかもしれない。また、「社会保険労務士」を資格の一つと見るか、職業と見るかによっても異なってくるだろう。どのようなイメージを持つかは読者のみなさんそれぞれにお任せして、社会保険労務士をデータで見てみたいと思う。

社会保険労務士の歴史

社会保険労務士の歴史は他の士業と比べると浅く、1968年に「社会保険労務士法」が制定されてできた資格である。高度成長期を経て、社会保障の一環として社会保険制度が拡充されたものの、担い手である中小企業などはこれに対応しきれず、このような状況に対して様々な団体や個人が中小企業のサポートをビジネスとして行うようになったのだが、労働争議に不当に介入するなどトラブルを引き起こすような者も現れたため、この分野に精通した専門家が求められた結果、国家資格者としての社会保険労務士が生まれたのである。まさに戦後日本の発展とともに歩んできた歴史を持つのが社会保険労務士といえるだろう。

社会保険労務士試験を受験する人って？

社会保険労務士試験を受験するのはどんな人たちなのであろうか。近年の試験合格者の経歴を見ると、６割近くが会社員というデータがある。

実際に人事総務の担当者として勤務していたり、営業やその他の業務に従事していて実務には携わっていないが、キャリアを考えたことが資格取得の動機となった人も多いのだろう。それ以外は団体職員や自営業の人が多く、学生は１～２％と非常に低い。なんらかの職業経験を経た上で資格取得を志す人が多いようで、実際に筆者の周りを見ても皆様々な経歴を持っている。

社会保険労務士の平均年齢は？

士業というのは一般的に平均年齢が高い。これは一般の会社員と違って開業したときには「定年」という概念がなく、自分がやめようと思うまで働けるからである。

ただ、社会保険労務士は会社員として勤務する道を選ぶ人も多いため、そういった人たちを含めると他士業よりは低くなるのではないだろうか。

ちなみに試験合格者で見ると一番多いのが30代、次いで40代となり、その後に20代、50代と続く。男女の差もあるが、男性は30代～40代に将来の独立を見据えるようになり、また女性は20代後半から30代にかけて自身のキャリアを考えて資格取得を志すケースが多いようである。

男性、女性どちらが多い？

社会保険労務士は他の士業に比べて女性が多いといわれる。他の士業の合格者の女性の割合を見ると、多くても20％程度なのに対して社会保険労務士試験の合格者の女性の割合は30％を上回る。

これは何を意味するのかというと、多くの企業の人事総務担当者に女性が充てられることが多いのがひとつの原因だと思う。それとこれは私見ではあるが、日本の労働環境ではまだまだ「男社会」といわれる状況があり、そんな中で女性の多い職場であったり、これから女性を増やしていこうといった場合には女性目線というものが必要になり、悲しいことに男性（自戒を込めて）ではまだまだ理解しきれない場合があるため、女性の社会保険労務士が求められるという現実があるのだろう。しかし女性の社会進出がさらに進む中、女性の社会保険労務士が多いということは喜ぶべきことではないだろうか。

02 社会保険労務士の役割

社会に求められる存在　社会保険労務士の役割とは

法律に定められた存在、社会保険労務士とは

いろいろな国家資格者がいる中で、社会保険労務士の果たす役割とはいったいどんなもの

だろうか。社会保険労務士の業務は「**社会保険労務士法**」という法律で規定されている。我々社会保険労務士の存在がそもそもこの法律によって定義されて成り立っているわけなので、社会保険労務士になろうと思ったらこの法律を理解することが大事である。

社会保険労務士の行う業務については、社会保険労務士法の第2条の1号、2号によって規定されている。これらは一定の例外を除いて社会保険労務士以外の者が業として行うことは禁止されているので社会保険労務士の**独占業務**（※**1**）とされている。

▼書類の作成

労働基準監督署、公共職業安定所（ハローワーク）、年金事務所等に提出すべき各種書類（申請書、届出書など）の作成、

●社会保険とは?

●生活を守るための命綱
（病気やケガ、失業などで困窮しないように生活を保障するための仕組み）

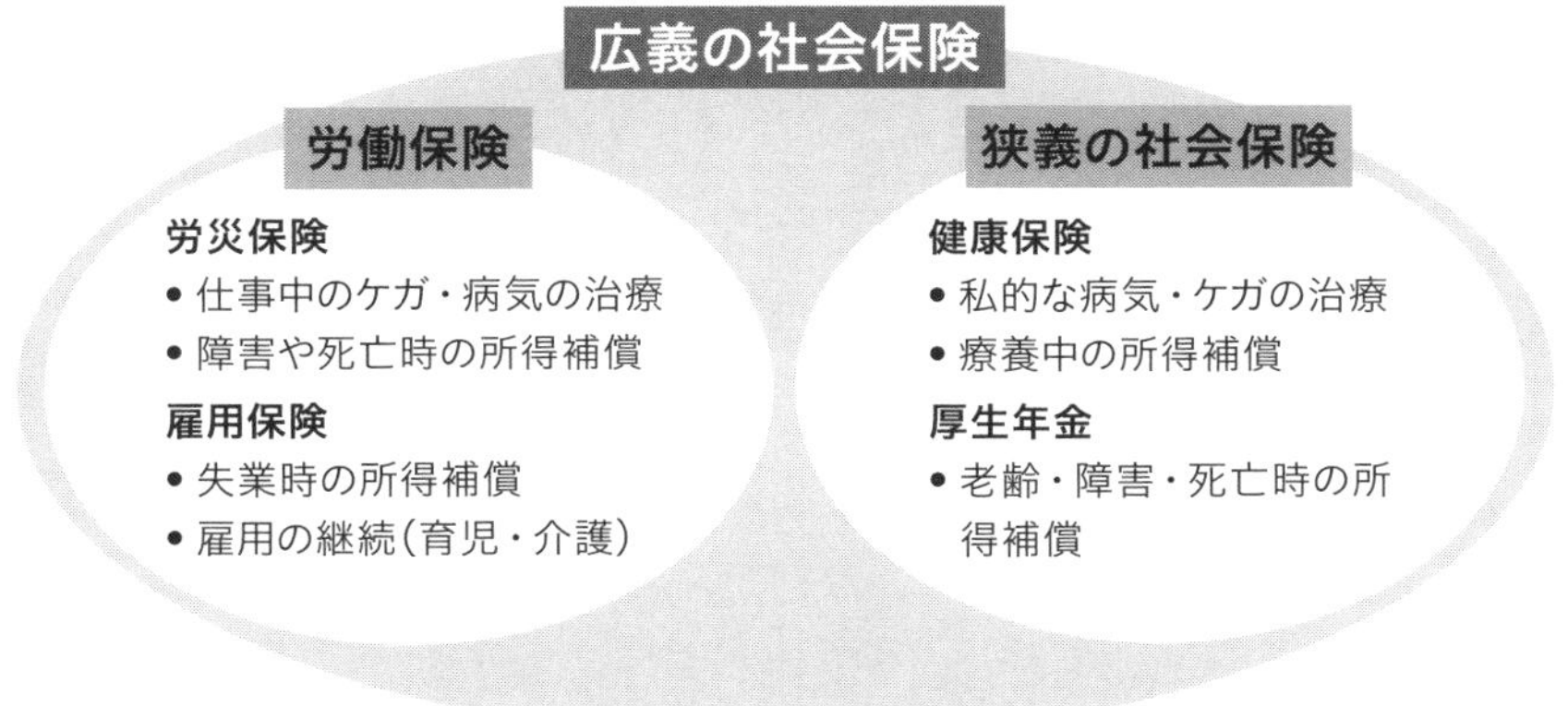

広義の社会保険

労働保険

労災保険
- 仕事中のケガ・病気の治療
- 障害や死亡時の所得補償

雇用保険
- 失業時の所得補償
- 雇用の継続（育児・介護）

狭義の社会保険

健康保険
- 私的な病気・ケガの治療
- 療養中の所得補償

厚生年金
- 老齢・障害・死亡時の所得補償

※**1** 特定の資格を取得している者のみが従事可能な業務のこと社会保険労務士法第2条では、1号および2号において規定されている。

事業所において備え付けるべき帳簿書類（出勤簿や賃金台帳）の作成を意味する。一般的には事業主からの依頼によって行われるものが多いが、例えば年金の裁定請求書のように個人から依頼されて作成するようなものもある。

提出代行

労働基準監督署や公共職業安定所（ハローワーク）、年金事務所等の行政官庁に書類を提出する手続きを代行することである。通常書類の作成を依頼されると提出まで含めてワンセットで行われることが多いが、提出手続き代行のみを単独で受任することも可能である。最近では、インターネットを活用した電子申請の手続きも普及・促進しており、社会保険労務士に手続きを委任しなくても済む状況が増えてきているが、事業主自らが手続きを行う場合には社会保険労務士のそれに比べて手間がかかるものもあり、社会保険労務士に代行を依頼するメリットは残っている。

事務代理

社会保険労務士が、労働社会保険諸法令に基づいた申請や届出、報告などの各種手続きや行政官庁等の調査・処分に関して代理人として主張・陳述することである。例えば労働基準監督署による事業所への立入り調査に事業主の依頼で立ち会い、代理人として意見を述べるといったようなものが挙げられる。またこの事務代理の業務には、行政官庁等の処分に関する不服申立て（審査請求、再審査請求など）の代理業務のようなものも含まれる。

相談、コンサルタント業務

労働・社会保険に関する事項についての相談・指導は当初から社会保険労務士の業務とされているが、前記の業務とは異なり独占業務ではないため社会保険労務士でない者でも行うことができる。内容としては日常的な労務相談から本格的な人事・労務コンサルティング（人事制度の企画立案や賃金体系の作成など）に至るまで、事業主に対する指導・相談業務が広く含まれる。これらは前記の1、2号業務に対して3号業務と呼ばれる。

社会保険労務士の未来は？

社会保険労務士の独占業務である1号、2号業務については、近年の電子申請の展開を始めとした手続きの簡便化によって社会保険労務士に依頼するメリットが小さくなる傾向にある。

経営者にとって社会保険労務士に業務を委託するのが「手続きを委託する」ことのみでは理由にならなくなってきているのだ。その分、様々な面で相談指導を行う3号業務のウェイトが大きくなってきている。

経営者の「困った」が手続きからその他の相談に移ってきているということなのだ。しかしこれは当然のことではあるが、逆に言えば人が働いている以上は絶対になくならない業務である。英・オックスフォード大学の研究によって10年後には機械化の影響によってなくなってしまう職業というのが発表された。しかしすべての業務がそうなってしまうことはなく、人が働いている以上は社会保険労務士の仕事がなくなることはない。人が働く以上そこには感情があり、感情は良くも悪くもすれ違うため、杓子定規な対応だけでは処理できないのである。そのとき必ず我々社会保険労務士の存在が必要となるはずだ。だから社会保険労務士は法律はもちろん、人の感情の機微についても敏感でなければならない。当たり前だが感情的であることが必要なのではなく、人の感情を理解する感性を磨くことが必要だろう。

社会保険労務士の試験、誰が受験できる？

試験に受からなければ何も始まらない

▼試験の概要を知ろう！

どんなに感性を磨いても、試験に受からなければ社会保険労務士になることはできない。社会保険労務士の試験は、他の士業同様1年に一回だけ行われる。試験の難易度は資格によっても違うし、年によっても変わるが、「ダメなら次は1年後」ということを考えれば、1年に複数回受けられる検定試験とは異なるものであることは想像できると思う。〝受かるための試験〟ではなく明らかに〝落とすための試験〟なのである。

「そうだ、社会保険労務士の資格を取ろう」

と思い立っても、そもそも受験資格がなかったり、今年受験をと思っても既に申し込みが締め切られ、試験を受けられるのが1年以上先になってしまうこともある。どんな試験でもそうだが、受かるためにはどのような試験制度なのかを事前に確認しておくことが必要だ。

受験資格はありますか？

社会保険労務士試験の受験資格は、

1. 学歴
2. 実務経験
3. 厚生労働大臣の認めた国家試験合格

の3系統に分かれる。この3系統13種類のいずれかに該当しなければ、社会保険労務士試験を受験することはできないのだ。受験資格について、主なものを以下に列挙してみる。

◉1．学歴

①大学、短大若しくは高専卒業者、および専門職大学の前期課程修了者
②大学において六十二単位以上の卒業要件単位を修得した者
③旧制高校、大学予科又は旧制専門学校卒業、修了者
④前記以外で厚生労働大臣が認めた学校等の卒業、修了者
⑤一定の修業年限、授業時間数の専修学校専門課程修了者

◉2．実務経験

⑥法令に基づく設立法人の役員又は従業者として3年以上実務に従事した者
⑦国又は地方自治体の公務員や、独立行政法人等の職員として3年以上実務に従事した者
⑧社会保険労務士や又は弁護士の業務の補助の事務に3年以上実務に従事した者
⑨法人や労働組合の役員として3年以上実務に従事した者
⑩労働組合の職員又は法人等の従業者として3年以上実務に従事した者

◉3．厚生労働大臣の認めた国家試験合格

⑪社会保険労務士試験以外の国家試験のうち厚生労働大臣が認めた国家試験に合格した者
⑫司法試験予備試験、旧司法試験の第一次試験等に合格した者
⑬行政書士となる資格を有する者

いずれにしても、受験資格がなくては話にならない。果たして自分に受験資格があるのか、事前の確認が必要である（※1）。

▼試験の申し込み

社会保険労務士試験は、厚生労働省の委託を受けた全国社会保険労務士会連合会が管轄し、その事務を社会保険労務士試験センターが行っている。社会保険労務士試験の申し込みは例年4～5月にかけて行われ、試験は例年8月の第4日曜日に実施される。試験自体は一日で

※1 https://www.sharosi-siken.or.jp/exam/

終わるもので、その一日のために毎年4～5万人の人たちが日々勉強をしているのである。

もちろん、受験するためには事前に申し込まなければならないのだが、これはまず厚生労働大臣によるその年の試験の公示が官報によって行われる。その公示後に受験案内等（受験案内および申込書等）の配布が行われるのだが、郵送または試験センター窓口での配布となる。いずれかの方法によって受験案内等を手に入れたら、受験申込書への記入、受験手数料の払込、写真や受験資格証明資料を用意して郵送または試験センター窓口への持込により受験申込を行う。資料によっては用意するのに日数がかかったりするものもあるから、早めに用意して、申込期限に間に合わないというようなことは避けたいものである。

▼一年に一度の勝負の日がやってきた

多い年には7万人を超える申込があったが、試験当日実際に受験するのは1万人ほど少なくなるのが常である。申し込むときには「頑張るゾ！」と意気込んだものの、試験日までの3ヶ月間で思ったように勉強の時間が取れなかったり、模試の成績が思わしくなくてあきらめてしまったり、当日仕事が入ってしまったりして受験を断念する人が多いようである。決して安くはない受験料（15，000円／令和5年度）なのだから、受けずにあきらめてしまうのはもったいない気がするのだが、どうせ受からないのにわざわざ一日つぶす方がもったいない、という思いからなのだろうか。

とはいえ、全国で5万人がひとつの資格を目指して試験に臨むというのは国家資格試験の中でも多い方である。受ける人にはぜひ頑張ってほしいものであるが、試験を受けるためにやることはたくさんある。そもそも、社会保険労務士になるためにどのようなことを勉強しなければならないだろうか。まずは試験方式と試験科目を見ていきたい。

◉試験方式

社会保険労務士の試験は、択一式試験と選択式試験を一日で行う。択一式試験は労働関係科目と社会保険関係科目それぞれ35問ずつ、計70問を試験時間210分間で行い、選択式試験は労働関係科目、社会保険関係科目から4問ずつ計8問が出題され、試験時間は80分で行う。回答はすべてマークシート方式により行われる。

【労働関係科目】

- 労働基準法および労働安全衛生法
- 労働者災害補償保険法（労働保険の保険料の徴収等に関する法律を含む）
- 雇用保険法（労働保険の保険料の徴収等に関する法律を含む）
- 労務管理その他の労働に関する一般常識

【社会保険関係科目】

- 健康保険法
- 厚生年金保険法
- 国民年金法

・社会保険に関する一般常識

それぞれが社会保険労務士の業務に密接に関わるものなので、どれが特別大事ということはないが、それぞれに好みや得意不得意もあるだろう。また、実生活で関わることが多いかどうか（例えば健康保険や雇用保険）がとっつきやすかったりというのもあるだろうし、「年金を極めたい」という人もいたりと様々で、幅が広いといわれる所以でもある。

年により傾向も変わるが、試験科目にはそれぞれ特徴があるので触れてみたいと思う。

▼「労働関係科目」の特徴

◉労働基準法および労働安全衛生法

「科目によってどれが大事ということはない」と先ほど書いたばかりで恐縮だが、労働基準法は一番先に挙げられるだけあって重要視される科目ではある。設問数は10問で、そのうち労働基準法が7問、労働安全衛生法が3問という内訳になり、問題が絞り込まれるためか難易度としても一番高くなる傾向がある。実際他の科目（法律）は保険給付などといった制度に関する法律であるが、労働基準法は労働者保護規程として労働に関する最低基準を定め、その基準に達しない取扱いは両者の合意があっても無効とされる強行法規である。

実務的に重要な賃金や就業規則の部分からは応用的な問題も出題され、さらに近年では条文だけではなく行政通達から出題されることもある。そのため、単に暗記するだけではなくしっかりと理解をして学習する必要がある。

労働安全衛生法については、出題が3問と少ないため対策がおろそかになりがちだが、近年労働者の安全や健康が更に重視されるようになっており、基本を押さえておく必要がある。

◉労働者災害補償保険法（労働保険の保険料の徴収等に関する法律を含む）

いわゆる「労災」の試験である。労働者が業務上や通勤途上においてケガをしたり病気になった場合に、それに対する所得補償等を国が行う制度であるが、どんなときに労災に認定が下りるのかなど、学習する中で興味深い内容も含まれているのではないだろうか。近年の出題傾向としては、受験生が点を取りづらいような出題傾向が見受けられるが、基本的には制度の問題であるため、基礎的な知識がしっかりと身に着いていればどうにもならないほど難しい、というものではない。保険給付の内容をしっかり押さえた上で、それ以外も幅広く理解することが大事な科目であろう。

◉雇用保険法（労働保険の保険料の徴収等に関する法律を含む）

一般的には、労働者が失業した時に支給される「基本手当」について「失業保険」として認知されている制度に関する出題である。退職・転職の経験がある人にはなじみのある制度ではないだろうか。しかし「雇用保険」はそれだけでなく、高齢者や育児・介護を行う人たちが働き続けるためであったり、労働者が自己を啓発して教育訓練（講座・研修）を受けたりするような場合に補助を行うものでもある。受験者は既に働いている人が多いので、これを学ぶことは自身のためにもなるのである。基本的な知識がしっかりしていれば比較的回答がしやすい科目のひとつである。
前記の労働者災害補償保険法とこの雇用保険法では、「労働保険の保険料の徴収等に関する法律」も含まれるため、労働保険料（労災保険料・雇用保険料）に関する出題もされるので、数字に関して気をつける必要があるだろう。

◉労務管理その他の労働に関する一般常識

前記で挙がっている法律以外の労働者に関する法律全般について問われるものである。代表的なものとしては、育児・介護休業法や男女雇用機会均等法、労働者派遣法などが挙げられ、その他労働者に共通する社会情勢に関する問題として労働経済白書から出題がされることもあり、非常に範囲が広くなる傾向がある。事前の対策も困難ではあるが、基本的な知識を幅広く押さえ、日頃から関連情報に関心を持つなどしておくことで何とか本試験問題に対応することができるのではないだろうか。高得点獲得のために勉強時間を多く割くよりも、必要最低限の得点を確保する方針で臨むことを勧められることが多いが、出題によっては苦しめられることもあるので注意だ。

▼「社会保険関係科目」の特徴

◉健康保険法

「国民皆保険」という言葉の通り、誰もが所持して普段使用している健康保険証が、健康保険法という法律に基づいて発行されているものであることを考えると、この法律がどれだけ身近であるかわかるだろう。保険料を払うことで安い料金で医療にかかることができる制度であり、仕事以外の理由によってケガや病気になった時に医療費を国が補助するための法律である。またケガだけでなく、出産や死亡についても給付が行われるため生活と直結しているのがこの法律の特徴である。

以前は比較的易しい傾向にあったが、ここ最近は難化傾向を見せており、保険給付に限らず全範囲にわたってまんべんなく学習することが必要である。また、法改正事項からの出題も多いため、改正事項をしっかり押さえるといったことが得点につながる。

◉厚生年金保険法

社会保険労務士が世に知られることになった「年金問題」。その年金制度のひとつである厚生年金保険は、企業で働く労働者が加入する年金制度である。とはいえ単独で成立するものではなく後に述べる「国民年金」と密接な関連があるため、老齢・障害・死亡という大きな保険事故について、どれくらい支給されるのかというのを中心にしながら、国民年金との対比学習を行うことが必要となる。制度開始以来、多くの改正が行われ、その都度複雑さも増し、難しい問題が多くなっている。まず、全体をとらえること。その上で経過措置等を丁寧に学習することが求められる。

◉国民年金法

企業に勤めるいわゆるサラリーマンが対象となる厚生年金保険に対して、自営業者など企業に雇われている人以外が加入している年金制度である。年金制度として、給付の対象となる保険事故が老齢・障害・死亡であるのは厚生年金保険と変わらないが、年金がどれくらい支給されるかといった制度の仕組みをはじめとして、年金財政や歴史についての学習も必要となる。度重なる改正によって制度自体が複雑化した関係で、近年は難易度が上昇してきている。

◉社会保険に関する一般常識

前記の社会保険関係科目以外に関する法律が出題対象となる。社会保険に関した様々な分野（医療、介護、年金、高齢化、財政等）から出題され、厚生労働白書からも出題される。特定の法律に関する出題がされないのは「労務管理その他労働に関する一般常識」と同様であるが、比較的点を取りやすい問題も多いため、こちらの方で少しでも得点できるよう、効率の良い学習が求められる。

▼配点はどうなっている？

以上の科目に対して択一式試験は5肢択一の問題が計70問・70点満点で行われ、問題のタイプとしては「5肢の中から正しいものを選ぶ」または「5肢の中から誤っているものを選ぶ」というものが基本であるが、近年ではそれだけにとどまらず、「正しいものの組み合わせを選ぶ」「正しいものがいくつあるか選ぶ」といった変則的なものもあり、受験生を大いに悩ませる出題となっている。

択一式試験の合格基準に達するためには合計点でおよそ6割から7割の得点が必要となるが、合計で超えていればよいというものではなく、各科目で最低点（足切り点）が設けられている。例えば、苦手な科目などで足切り点以下をとってしまったら、たとえ他の科目が満点であっても不合格になってしまう、ということなのである。なので、どんなに苦手な科目であっても最低限の点数を取れるようにしておかなくてはならないのである。

一方選択式試験は、1問につき5つの空欄に当てはまる語句や文章を20個の選択肢の中から選ぶというもので、計8問出題される。筆者が受験したころは記述式の試験であったため、埋めるべき言葉が「出てこなければ終わり」であったが、選択式になってからは「少なくとも正解がある」わけなので楽かと思いきや、そんなわけがない。これはこれで迷わせるようにできているのだから、やはり正確に覚えておくことが必要なのだ。

▼勉強への取り組み方は？

「そんな難しい試験、どうやって取り組めばいいの？」と思う人もいるだろう。そのあたりは、受験産業が発達している日本のことだから、自分にあった適切な方法を選ぶのが良いだろう。ただ一般的には、

- 受験予備校に通う
- 通信教育を受ける
- 独学

という3タイプに分かれるのではないか。受験者の環境や性格によっても相性があるだろうし、それぞれにメリット、デメリットもある。一つずつ見てみたいと思う。

受験予備校に通う？

「学校に通う」ということで、講師による講義を受けながら学んでいくスタイルである。多くは社会保険労務士資格を持った講師による講義を週1回、5ヶ月〜1年程度通学して学ぶ。通うことで新しい情報を得たり、仲間を見つけたりして、モチベーションを保ちながら勉強するには良いであろう。自宅でのみ勉強するには自分ではなかなか時間をコントロールするのが難しいという性格の人に向いていると思われる。仕事を持った社会人が多いため、やむを得ず欠席するようなことがあっても代替講義を受講できたり、eーラーニングやDVD視聴による補講を受けたりできる場合もある。ただ、それだけの環境が整うということはそれなりにお金もかかるということで、期間やサポートの内容によって料金も20〜35万円くらいが相場のようである。

受験予備校に通うメリット、デメリット

受験予備校に通うメリットは、やはり「縛られる」ことであろうか。「縛られる」なんて、本来ならデメリットでしかないことだが、人間とは弱いもので、それなりの動機があってやっていることでも毎日の仕事、残業、家庭や子供の世話などの日常に追われてしまい、時には「やりたくないな」「やめたいな」と思うことがある。ある、というより日々その思いとの

戦いになる。そんなことがあっても、通学しなければならないとなれば行くだろうし、行って講義を受ければ気分も変わる。同じ教室に仲間ができて、その仲間が頑張っている様子から刺激を受けたりもする。実際は講義を受けただけでは勉強量としては全く足りていないので、結局はそれ以外の時間どれだけ自分で勉強するかにかかってくる。社会保険労務士の試験は、難しいとはいっても勉強すれば理解できないものではないので、結局は「いかに勉強する時間を作れるか」がポイントになるのだ。受験予備校に通うのは、通学することで勉強のリズムを作り、習慣につなげるという意味ではいい方法であろうと思う。

ただし、その分費用もかかるわけだし、仲間を作るにしても人によっては足を引っ張られてしまうということもありうる。これは、お互いに悪意があるわけではないのだが、現実逃避をしたい者同士がくっつくことで拍車がかかってしまい、講義に出るたびに必要以上に飲みに行ってしまったりすることがあるのだ。また「講師との相性」みたいなものもあり、高いお金を払って飛び込んだのに講師のことが好きになれず、全く行く気が起こらなくなるという恐ろしいことになる可能性もある。費用がかかることは仕方ないが、付き合う仲間、付き合い方を考えることも必要だ。

入学に当たっては事前に体験授業を受けるなど、できる限りの情報収集をした上で後悔のないように学校や講座を選びたいものである。

通信教育を受けるという選択肢

テキストやDVDを使い、曜日や時間に縛られず学習を進められるということでは、社会人にとって相性の良い勉強法といえるであろう。また費用の面でも予備校に通うよりは費用を低く抑えることができるため、気軽に始められるという点でも良いのかもしれない。前にも書いたが、結局のところ社会保険労務士試験に受かるには（それだけに限らないが）頭の良し悪しよりも「どれだけ勉強できる時間を取れるか」がポイントとなる。1日24時間という限られた時間の中、仕事を含めた日常生活を送りながら勉強の時間を確保することを考えると、予備校への通学時間を「もったいない」と感じる人もいるだろう。また勤務の時間が不規則だったりして定期的に通学することが難しい人もいる。そういった点から自宅やカフェ、有料の自習スペースなどで学ぶことのできる通信教育は、決まった勉強時間を取ることが難しい人には適した勉強法であるといえる。費用も5万円～20万円程度と差はあるが、予備校に通うのに比べて割安となる。

通信教育のメリット、デメリットって？

通信教育を受けるメリットとしては、「勉強時間の確保のしやすさ」と「費用の安さ」であろう。日々の仕事や生活を送りながら毎日2～5時間の勉強時間を確保することを考えると、毎週必ず予備校の講座に通うためにかかる時間を無駄に感じてしまう人もいる。初めて学ぶというのでなく、既に一通り学習したという人や、もともと知識を持っている人にとっては自分でどんどん進めたいと思う人もいるはずである。予備校はその施設をはじめとして講師やその他のスタッフにかかるコストの面から費用が高くなるため、教材さえあれば勉強できるという人はわざわざ高い受講料を払って予備校に通う意味がなくなってしまうのである。かといって全くの独学ではなく、講座を持つ会社から法改正や試験についての情報も配信されるため、うまく利用すれば大きな効果を得ることができるのである。

しかし、通信教育についてはかねてから言われるとおり「続けられるのか？」という心配が挙げられる。これについてはシステムの中で、期間や科目ごとにテストを行って添削するなどして、学習ペースを作るように工夫がされているが、受講者側が動かなくてはどうにもならないし、逆に提出すればタイミングがずれても添削してくれたりするので本人にもあまり切迫感がわかないのである。またメールで質問ができたりもするが、「わからないことがわからない」といった場合にはそもそも質問がしにくくなったりするので、そういった意味では初めて学ぶ人には個人的にはお勧めしにくい。これは自分自身が学生時代から通信教育は途中で挫折していたという先入観もあるからだろうが…。費用が安く、取っ掛かりやすいのだがその分、自分でコントロールしなければならないので、自身の性格を考えて選ぶのが良いだろう。

▼独学はどう？

これこそ、セルフコントロールの極みといっては言いすぎだろうか。既に一通りの学習は済んでいて、時間も自由になり、ポイントもすべてわかっている、という人にとってはこれで全く問題ないだろう。ただし、そういう人は既に受かっているか、わざわざ社会保険労務士の資格を目指さないような気もするが。

前に「社会保険労務士の試験は頭の良し悪しよりも勉強時間の確保が問題」と書いたが、あくまでポイントを押さえて勉強することが肝心であり、むやみやたらと取り組んで「勉強したつもり」になっていては絶対に合格することはできない。もちろん毎日朝から晩まで十分に時間があり、六法や参考書の隅から隅までじっくりと読んで理解することができるなら可能だろうが、多くの受験者は日中仕事を持ち、残業をこなして、家に帰れば家事や育児をしている人たちであり、実際そんなことは不可能である。そのために、受験予備校や通信講座の教材を使って効率的に学習するのだ。実際のところ、試験と実務は別物なので、試験に受かりさえすれば優秀な社会保険労務士になれるかといえばそんなことはないが、そもそも試験に受からなければ社会保険労務士として活動することもできないのである。

勉強の仕方はそれぞれだろうし、独学で受かった人がいればまさに尊敬に値するものであろうが、初めて学ぶ人には残念ながらお勧めできないし、早く資格を取ってその上で違う勉強をしていただくのが後々自身のためにもなるであろう。

▼どれくらい勉強すればよい?

士業の資格ごとに、その資格を取るために必要とされる一般的な学習時間というものが資格の雑誌や受験予備校などから発表されている。それによると社会保険労務士は800時間とも1000時間ともされているがこの時間数をこなすために必要な日数はどれくらいになるだろうか。1000時間として、平日と休日のバランスもあるとはいえ1日4時間平均でも250日かかるわけだから8ヶ月強必要になるが、受験予備校の講座は、だいたい試験の1年4ヶ月前くらいに初学者向けの講座からスタートする。これは六法など法律の文書を読んだことのない人向けに行われるもので、法律の条文の読み方、言葉の使い方など基礎から学び、「法律アレルギー」を起こさないように少しずつ進めていく形となる。

その後、学習経験者向けの講座が合格発表のある11月前後から始まる。多くの講座は最初に各科目ごとの基本的な知識やポイントが講義される。一通り終わったところで学んだことを定着させるための問題演習が行われ、試験が近づくに連れて実践的な答案練習が繰り返される。この頃になると、予備校に行くのは講義を聴くためではなく、試験会場のような周りに人がいる環境で問題に取り組むために行くようなものである（もちろん模擬試験などもある）。

また通信講座や自宅学習においても、一定の時期までに基礎知識を頭に入れ、それを答案に反映できるように準備をしておかなければならない。どんなに知識があっても、答えられなければ試験に合格することはできないからだ。

予備校への通学、通信教育講座の受講、独学と、どのような方法を採るかは人それぞれではあるが、結局やることは同じである。結果を出すためにどれを選択するのか、自分にあった方法をうまく見つけてもらいたい。

▼試験は一発勝負

そんなこんなで1年間必死で勉強してきても、たった一日、5時間足らずで終わってしまう社会保険労務士試験。合格率を考えれば、受かるのは10人に1人、場合によっては20人に1人以下であり、ほとんどの人が不合格になってしまう〝狭き門〟である。普通に考えたら、「そんな試験受かる訳ない」と受ける前から思ってしまいがちだが、受験者たちはそんなことを考えず、みな必死になって取り組んでいる。試験自体は「落とすための試験」ではあるが、みなそれぞれ、「受からなければならない理由」を抱え、1年に1回の試験に全力で立ち向かうのである。再チャレンジであれば9ヶ月程度、長い人なら1年以上取り組んできた結果を1日の〝たった数時間〟で発揮しなければならないのだから、これはなかなかしんどいものである。

▼勉強仲間をつくる

難関といわれる試験の合格を目指すのに、仲間は必要か。「勉強するのは自分だし、仲間がいてもしょうがない」「ライバルと仲良くしてどうする?」「良くも悪くも流されそう」……いろいろな意見があるに違いない。結論から言えば、筆者は「いたほうがよい」と答えるだろう。長丁場になる試験までの期間を、たった一人で、常に自分自身を鼓舞し続けていくのはなかなかにしんどいものがある。仲間がいれば「あの人も頑張っている」「自分も負けられない」と自分だけではない具体的な他者をイメージして馬力をかけ、また引っ張り上げてもらうこともできるが、そうでないと目先の点数や、数万人の受験者という大きな数字に惑わされて、本質的なものを見失ってしまったりする。

「受験者はみなライバルではないか」と思う人もいるかもしれないが、身近な人間の一人や二人蹴落としてみたところで現実は何も変わらないのである。そんなことしている暇に1点でも2点でも取れる努力をするべきで、逆に仲間を作ることでその1点を取れるかもしれないのだ。

よくある話で恐縮だが、試験当日にその仲間と一緒に試験会場に行き、直前まで問題を出し合っていた。試験が始まり、問題を開くとさっきやった問題が偶然出てきたなんて話がある。もちろん偶然であり、一人で行ってたとしてもそういうことが起きたりすることはあるのだが、タダでさえ緊張する試験当日に見知った顔の人間と言葉を交わすだけでもリラックスできたりするものである。極度の緊張は悲惨な結果を招くことが多いが、適度な緊張は良い結果を生むといわれる。

ただ、この仲間というのもシチュエーションによっては害になる可能性もある。筆者は2回目の受験で合格することができたが、1回目のときは同じ講座に通う数人の仲間と講義のある日は必ず飲み会に行っていた。筆者が通っていたのは土曜日だったため、翌日は日曜日で休みということもあり、みんなして気が緩んだのか遅くまで飲み、翌日も遅くまで寝ているといったような状況だった。つるんでいたのは4、5名だったが、そんな仲間の中からの合格者は当然ながらゼロ。そう考えると本当にダメな集団であった。これは仲間が悪いというより、甘えた自分の問題ではあるだろう。

試験当日の話もしておこう。以前は2次試験である選択式試験（筆者受験当時は記述式試験）を午前中に、1次試験である択一式試験を午後に行っていた。午前中の試験が終わると、昼食の時間を利用して選択式試験の答えあわせを友人同士でしながら其処此処で「合ってたー!」とか「終わった〜」なんてやっていた。問題数の多い択一式試験だと答え合わせもままならないが、1科目につき5個の穴埋めであれば答えあわせをしようと思えば簡単だ。全部やらないにしても、「厚生年金の3つ目、何にした?」なんて、聞いてみたくなるのが人情だろう。しかしできが良かったならば午後の試験に向けて弾みもつこうものだが、ダメだった場合には目も当てられない。しかも、受験生同士で行うその答えあわせ自体が合っているかどうかもわからないのに、だ。

そんなわけで、仲間同士とはいえ付き合い方や接し方にはＴＰＯを弁えておくことをお勧めする。それさえできれば、仲間は試験勉強の推進力になってくれるありがたい存在なのだ。

▼実務と試験

よく「実務と試験は別物」といわれるが、考えてみれば当たり前のことである。同じ法律に基づいて運用されるものではあるが、実務は決まったルールの中で国民の生活を快適にするために運用がなされ、対して試験は設問に対して正しい答えを出すことが目的となる。ベースは同じであるが、実務上の運用は現実的な観点から行われることが多い。

例えば、設問の中で「健康保険・厚生年金の資格喪失届はその事実があった日から五日以内にその届出を行わなければならない」というものがあったとして、これが正しいかどうかを判断する場合に法律上は正しいこととなる（例外規定はあり）が、実務上は五日を過ぎて提出されていることも多いため「正しくない」と判断してしまうことがある。実務においては「もちろん五日以内に提出してもらわないと困りますけど、五日を過ぎたからといって受理しないってことはないですよ」ということなのだから、それを「五日以内に提出しなくてもいいんだ」と判断してしまうことが間違いなのである。

この点、社会保険労務士事務所・法人に勤務していたり、企業内で実務に携わっている人達は注意が必要である。毎日勉強だけしているのであれば余計な情報を遮断することができるかもしれないが、日常仕事で実務に携わっている人達はどうしても「法律と実務」がごちゃ混ぜになりがちなのだ。社会保険労務士の資格を取り、今現在仕事をする側から見れば、「そういうことあるよな」と同情してしまう部分もあるが、だからと言って結果的に不合格になってしまうのは自分の問題であり、それは誰にも替わることはできない。むしろ、資格を取って社会保険労務士として活動を始めると「実務上はこのように運用されているけれど、法律では本来こうなっている」ときちんと区別した上で対応しなければならないし、それを顧客に説明しなければならなかったりもする。当たり前だが、結局のところ法律についての正しい理解をしていなければならないということなのだ。「試験のための勉強」という言い方は一般的に良い使われ方はしないのだが、社会保険労務士試験においては、単に試験に受かって資格を取るということにとどまらず、基本を押さえるという意味ではその後の実務において非常に大事なことなのである。

Column CASE 1

資格本に書かれていることはホント?

読者のみなさんが、そもそも社会保険労務士という資格を知ったきっかけは何だっただろうか。人によって様々かもしれないが、その中の一つに「資格本」があると思う。あの中に書かれていることは本当なのだろうか?

社会保険労務士に限らず、いわゆる「資格本」に書かれていることは大体決まっている。「仕事の内容」これはもちろんだが、「合格がしやすい」「就職・転職への影響」「稼げる」なんて書かれていることが多い。一つ一つを読んでいくと、全くのウソではないが実際に資格を持つ身からすると「あれ?」と思うことが書いてある。あれはいったい何なのか?

いわゆる「資格本」には、「資格を取ったら」というのはもちろん、「実務ができるようになったら」「営業して顧客が取れたら」と、実際に資格を取ってから努力や時間が必要なことがすべてうまく行ったという前提で書かれているのだ。しかし、読む側からすればすべて「資格を取ったら」という前提のみで書かれているように受け取ってしまう。書いた側からすれば『計算された勇み足』とでも言うべきか、期待感をうまく利用しているのである。

もちろん、これから夢を持って取り組んでいくであろう身に「将来は先細り」とか「資格を取っても困るだけ」などと書かれてはどうしたらよいのか困るし、本を出版した側も出版する意味がないだろう。当然そこには受験予備校の広告などが目的となっているからである。社会の仕組みとして必要なこういった要素は否定するべきではないが、そればかりが先に立ってしまうのでは読者のためにはならないし、そんな会社は発展しないだろう。

毎年試験がある国家資格ではあるが、どんな資格にせよ受験者はそれぞれの時間やお金、人生をかけて取り組むのである。取り組んだ結果大きなものを得られるかもしれないし、多くのものを失うこともある。これは資格が取れたかどうかの問題ではなく、資格を取ってどうするかの問題だからだ。失ったとしてもそれは本人の選択ではあるのだが、それが宣伝文句に踊ってしまった結果だとしたら非常に残念である。

そこで、後悔しないために情報を集める際にはいろいろな媒体に当たってみることと、何よりも実際にやっている人間に聞いてみることをお勧めする。書籍だけでなく、最近はブログやSNSなどで発信をしている人も多いから、既につながっているという人も多いだろう。ビジネスとして発信している人がほとんどではあるが、それなりに苦労して資格を取り、就いている職業で自分の仕事について問われてイヤな人はいないであろう。社会保険労務士を選んだ理由や仕事のやりがいなど、プロフィールや投稿文に記載している人もいるから覗いてみるとよいだろう。

読者のみなさんが手に取ったこの本も「資格本」に類するものかもしれないが、社会保険労務士に興味を抱いてくれたみなさんに向けて、煽るわけでもなく、かといってネガティブなものにしたくない思いで書いているのであるが、伝わるのだろうか。

第2章

試験に合格したら
[新しい未来へ]

未来はバラ色？
合格してこそ始まる社会保険労務士人生

試験に合格！ さあどうする!?

試験に合格したら、喜びに沸き、感激にむせび泣き、胸をなで下ろし、と合格者それぞれに喜びをかみしめることだろう。

初めての受験であればもちろん、複数回受験しての合格も格別なものであろうし、「また1年同じことをしなくて済む」という思いでホッとしている部分もあるだろう。

今後の仕事や生活はどうなっていくのか。これはもちろんそれぞれの立場や環境があるので一概には言えないことだが、ひとつ言えることはいつまでも喜びに浸ってばかりもいられない、ということである。

社会保険労務士の資格を取ったらどうするのか、イメージはできていただろうか。

社会保険労務士事務所に勤務していたならば、資格を取ったことでステップアップしてももっと深く仕事に携われるようになるだろう。企業の総務や人事の担当として勤務しているならば、もっと専門性を活かせるようになるだろう。企業で働いているけれど、社会保険労務士の資格が今の業務とは関係ないというならば、きっと違った形で活かすことを考えて資格を取ったに違いない。

実は筆者も「資格を取って将来独立したい」という思いはあったが、資格を取ったあとの具体的なイメージまでは持てていなかった。しかしここで、「さてどうしよう？」と腕組みしたままではどうにもならないので、まずは人生の目的を考えて自分が将来的にどうなりたいのか、その場合にはもしかしたら社会保険労務士はあくまで通過点であるかもしれないがそれも含めて、大まかな道筋であっても良いからイメージをしておくのが良いだろう。

▼なにができますか？

試験に合格したからには、労働基準法はもちろんのこと、雇用保険や健康保険、厚生年金といった試験科目にかかわる法律の内容にはバッチリ答えられる、と自信を持っている人もいるだろう。

しかし、実際の制度やその運用、判例や解釈などについて問われたらどうだろうか？　そこまで込み入ったものでないとしても、例えば新たに入社した社員に関する手続きを行うのに、まったく経験がなかったとしたら、どんな情報が必要で、何からはじめればよいかわかるだろうか。誰でも最初は初めてだから、わからなかったからといって批判されるものではないが、我々は社会保険・労働保険の専門家としての資格を持つ社会保険労務士である。一般の依頼者からしたら、ベテランも新人も区別はつかないし、関係のない話である。

また、依頼を受ける当人としてもまったく経験のない業務が飛び込んできた場合、

「この仕事やったことないんですよね」

と言えるだろうか。もちろん法律の改正などで、新たな制度が始まる際などは皆が皆初めての業務となるので問題はないだろうが、社会保険労務士として知識のレベルも依頼者と同じだったら、依頼するメリットがないことになってしまう。

ましてや社会保険労務士の根底をなす手続き業務を「初めてです」と言われたら、どうだろう？ 究極的には、本当に初めてでも構わないと思う。「初めて」の一言で終わらせるのではなく、仲間の社会保険労務士や届出先の行政に聞くなり、調べるなりして仕上げられればよいのである。依頼人の期待がどこにあり、それを裏切らないようにするにはどうすればよいのか、これを第一に考えていくことが必要になるだろう。社会保険労務士として歩んでいくためにどの道を通るのか、考えてみたいと思う。

▼まずは登録

社会保険労務士としての第一歩を踏み出すために次は何をしたらよいのか。これには何よりもまず「登録」が必要になる。社会保険労務士として活動するためには、全国社会保険労務士会連合会の名簿に登録し、勤務地か居住地（開業する場合は事務所の所在地）の都道府県社会保険労務士会に入会しなければ社会保険労務士を名乗ることができない（※1）。

登録のためには、2年以上の労働・社会保険諸法令に関する実務経験が必要となるのだが、実務経験がない場合は全国社会保険労務士会連合会が実施する事務指定講習（※2）を修了することで実務経験があるものと認められる。

よく、「試験には受かっているけれど登録していないんです」という人に出会うが、あく

※1 社会保険労務士法

第十四条の二 社会保険労務士となる資格を有する者が社会保険労務士となるには、社会保険労務士名簿に、氏名、生年月日、住所その他厚生労働省令で定める事項の登録を受けなければならない。

2 他人の求めに応じ報酬を得て、第二条に規定する事務を業として行おうとする社会保険労務士（社会保険労務士法人の社員となろうとする者を含む。）は、事務所（社会保険労務士法人の社員となろうとする者にあつては、当該社会保険労務士法人の事務所）を定めて、あらかじめ、社会保険労務士名簿に、前項に規定する事項のほか、事務所の名称、所在地その他厚生労働省令で定める事項の登録を受けなければならない。

3 事業所（社会保険労務士法人の事務所を含む。以下同じ。）に勤務し、第二条に規定する事務に従事する社会保険労務士（以下「勤務社会保険労務士」という。）は、社会保険労務士名簿に、第一項に規定する事項のほか、当該事業所の名称、所在地その他厚生労働省令で定める事項の登録を受けなければならない。

まで試験合格者ということで、登録をしていなければ社会保険労務士は名乗れないのである。

▼登録の手続き

社会保険労務士として活動するためのこの登録、どんな手続きなのだろうか。前記の通り、全国社会保険労務士会連合会の名簿に登録し、勤務地か居住地（開業する場合は事務所の所在地）の都道府県社会保険労務士会に入会しなければ社会保険労務士を名乗ることができない。この手続きは勤務地か居住地（開業する場合は事務所の所在地）の都道府県社会保険労務士会にて行うことになっている。

①社会保険労務士登録申請書
②社会保険労務士試験合格証書の写し
③従事期間証明書又は事務指定講習修了証の写し
④住民票の写1通
⑤顔写真1枚
⑥戸籍抄本等1通

が必要とされる。また、書類を提出するだけでなく費用もかかる。

※2　全国社会保険労務士会連合会が厚生労働大臣の認定を受けて「2年以上の実務経験」に代わる資格要件を満たすために実施する講習。通信指導課程（4ヶ月間の通信教育）と、eラーニング講習によって構成される。

①登録免許税　　　　　　　　３０，０００円
（収入印紙又は税務署へ現金で納付した場合の納付証明書は申請書正本に貼付）
②手数料　　　　　　　　　３０，０００円
③その他
社会保険労務士会への入会金、年会費
（入会金・年会費は社会保険労務士会ごとに異なるため、入会予定の社会保険労務士会に確認が必要）

入会金、年会費については入会する各都道府県社会保険労務士会によって異なるが、筆者が所属する東京都社会保険労務士会を例にとると、次の表のようになる。

社会保険労務士に限らず、国家資格の多くはこのような形態をとっており、かかる費用も資格ごとに異なる。この年会費によって研修や情報提供を行うことで、社会保険労務士としての活動をバックアップするために使われているのだ。

●入会金と年会費

	入会金	年会費
開業会員（法人社員含む）	50,000円	96,000円
勤務等会員・その他等	30,000円	42,000円
他県より異動入会	前の県会の種別等により金額が異なる。	同上（入会月からの月割会費）

会員区分

ところで、先の表には「開業会員」と「勤務会員」「その他等」という区分がある。これが社会保険労務士特有の制度なのである。

「開業会員」とは、事務所を開設して不特定多数の依頼者を相手に運営していく社会保険労務士として登録するものである。いわゆる「独立開業」という形である。この登録を行うことで、依頼者と個別に契約を結び、業務を行うことができるようになるのである。そしてもうひとつ「勤務会員」であるが、これは勤務先で社会保険労務士としての仕事ができるというものである。そしてもう一つ「その他等」であるが、これは講演や執筆活動など、実務は行わないが社会保険労務士を名乗って活動する場合の登録区分である。

どの形で登録を行うかは、自身の方向性によってもちろん異なってくる。社会保険労務士として独立開業をするのであれば「開業登録」、企業の従業員としてその企業に関することのみに関与していく場合は「勤務登録」をすることになる。では、社会保険労務士事務所に勤務してその社会保険労務士事務所の委託者の業務に携わるような場合はどうなるだろうか。この場合、その業務はあくまでその事務所を開業している社労士（ボス）に帰属する。その社労士（ボス）の名前で業務を行うことになるので、この場合は「勤務登録」でよいことになる。しかし、その社労士（ボス）の業務をしつつ、自分の名前で業務を受託して行っていくような場合は「開業登録」が必要となるのである。これは形態としては弁護士事務所がそのようになっていると聞くが、社会保険労務士事務所等でそれを認める事務所もあるのだろうか。

実務経験が必要!? どうすればいい!!

知識だけでは仕事にならないのです

▼どこで修行を積むべきか

試験に受かったから何でもわかる! というわけでなし、そもそも社会保険労務士として活動するのに2年の実務経験を求められるわけだから、どこかで修行を積まなければならないと考える人が多いだろう。すでに企業で人事総務の部門に所属し、労働・社会保険諸法令に関する業務を担当して実務経験が十分だという人はともかく、もともとは営業職や販売職など全く畑違いの人からしたら、受験勉強で文字を死ぬほど見た「雇用保険資格取得届」であっても様式自体は見たことないという人もひょっとしたらいるのではないだろうか。

やはり受験勉強と実務は別物なので、資格を取ったならば今度は実務を覚えていかなければならない。そのためにはどこで実務経験を積んだら良いのだろうか。考えられるのは、

①社会保険労務士法人、事務所に勤務する
②一般企業に勤務して人事総務部門の担当になる

といったところだろうか。

社会保険労務士法人・事務所に勤務する

社会保険労務士になりたいと思って受験し、合格したのだからこれが一番順当というか、わかりやすい形であろう。しかしながら「勤務する」ということは当然雇用されなければならないわけで、これがなかなか難しい話だったりもする。採用市場全体を見てもそうだが、以前に比べれば社会保険労務士法人・事務所での求人は増えている。なので、試験に合格した人にとって経験を積めるが増えていると言えるのだが、現実は甘くない。採用する側として考えれば、もちろん従業員として育成する視点を持ってはいるがボランティアではないのでそれぞれの人材計画の下に採用を行うからだ。社会保険労務士資格はあくまで「スタート」であり、その上で本人の経験やキャラクタ

ー、仕事に対する向き合い方など、資格とは別の要素で判断する。そういう意味では、社会保険労務士法人・事務所に限った話ではないのである。

逆に、社会保険労務士法人・事務所が人材を募集していてもなかなか応募がない、という逆の状態が起こる場合もある。これは、世の中が人材不足といわれる中で、有資格・未経験である場合に給与などの労働条件が他業種と比べてそれほど良い水準とはいえないことが原因のひとつであると思われる。資格を持っていたとしても、全くの未経験であればそうなってしまうのも致し方のないところであろう。社会人経験を数年積んだ後に社会保険労務士資格を取り、さて転職となった場合に給与水準が大幅に落ちるということが人によっては起こるのである。社会保険労務士に限らず、業界や会社が変わればそんな話は当たり前にあるわけだが、社会保険労務士業界もそれは変わらないのだ。

▼一般企業に勤務して人事総務部門の担当になる

では、一般企業に勤務するのはどうか？　すでに企業に勤務していて、人事総務部門に所属している、または資格取得をきっかけに配置転換されるということがあれば特に問題はないだろう。だが会社には会社の事情があり、本人の希望がすべて通るものではないため時間がかかることがあるかもしれない。企業としても従業員の能力を活かして適材適所の配置を考えたときに国家資格を有している者について全く検討されないということもないだろうし、そのときの会社の反応がその後の選択の材料にもなるだろう。もし、現在勤務している職場で思うところに異動できない、または端から転職を考えていたという場合、転職先を探すに当たっては以下のポイントに注意して探す必要がある。

①人事総務部門で人を募集しているか
②実務未経験可かどうか
③労働・社会保険諸法令に関する実務経験が積めるか

①については、まず大前提となることだろう。今営業職などであるならば、まずは業務を経験できるところに行かなければならない。もちろん人事総務部門だからといって業務のすべてが「労働・社会保険諸法令に関する業務」ということは一般企業の中ではありえないので、まずは一部でも扱えるのかどうか確認する必要があるだろう。

続いて②。これについては、その会社がどのような人材を求めているか、ということがポイントになってくるので、場合によっては「資格はなくても経験者を」ということがあるかもしれない。人材採用はお互いのニーズがマッチしなければ成立しないので、このような場合は仕方がないが、有資格者である自分がどれだけその会社に貢献できるのか、足りない経験をどのように補うのかなど、熱意をもって訴えていくことが必要だろう。その結果、「本当は経験者を求めていたけれど、将来的なことも考えて未経験者を採用した」というケースもあるだろう。結局はその本人と会社次第ということになる。

③の実務経験が積めるかどうかについては大事なことではあるのだが、そこにこだわりすぎてしまうことで「この会社で経験積んで独立します」といった姿勢が透けてしまったりし

て敬遠されることにも繋がりかねないので注意が必要である。あくまで自分の能力を会社のためにどう活かすのかをアピールできなければ、求められる人材になるのは難しいだろう。

▼社会保険労務士事務所勤務と一般企業、どちらが良いのか？

これは筆者も迷ったところだが、将来の独立開業を考えるのであれば社会保険労務士法人・事務所に勤務することであろう。なにせ、自分がこれから開業しようとしている業態そのものなのだ。実践的な経験を積むことができ、それ以外にも事務所の運営や営業の仕方など、参考にできる点はたくさんある。ただ、社会保険労務士法人や事務所それぞれに代表社会保険労務士のキャラクターや考え方があり、同じようにできるかどうかといえばそれは全く別物である。

それから実務経験を積むにあたっては、社会保険労務士法人・事務所の場合にしても一般企業にしても与えられる業務によって満遍なく経験できるとは限らない。例えば、雇用保険に関する業務だけを扱う部署に配置されることだってありうるし、一般企業であれば社会保険労務士に関係する業務を与えられるとは限らない。となればそもそも実務経験を積めないことになってしまうが、まずは与えられた業務を全うし、その上で、自分で勉強して経験するべきことを見つけ出していく姿勢が必要であろう。その中で自分が社会保険労務士資格を持っていることをアピールしていくのだ。

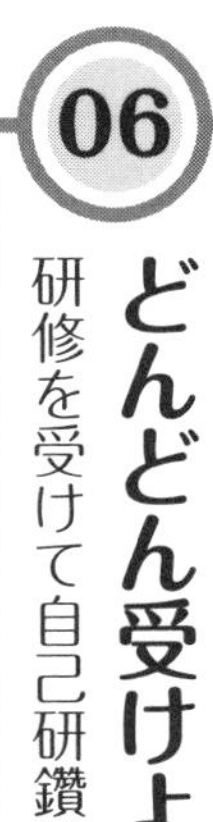

06 どんどん受けよう！　研修

研修を受けて自己研鑽

経験がなくたって

物事を経験するに当たって、事前に多少でも知識がある場合と、全くのぶっつけ本番ではその一度の経験から学ぶ量が大きく違ってくる。各都道府県社会保険労務士会（以下「各県会」）では、必須研修を始めとして日頃から様々な研修が企画されており、会員はその都度参加している。必須研修の多くは法改正や新たな制度についての解説が主であるが、そのほか各個人で無料・有料のセミナーなどに参加して日々研鑽を積んでいる。

実は筆者は社会保険労務士になって事務所に勤務していた頃、研修には行きたがらなかった。特に理由があったわけではないが、たまたま出た研修があまり面白くないものであったりしたこともあっただろうし、まだ慣れない中時間を割いて研修に行くよりも仕事を片付けたかったということもあっただろう。しかし当時のボスから「研修は出ろ！　お前の将来のためだ」と半ば強制で研修に参加させられた。今となっては本当にありがたい言葉であった。行けば本当につまらない、物によっては時間のムダとも思える研修もあったが、そんな中でも自分が何を得ていくべきかを考えるよい機会にはなった。また、研修に参加すれば少なくとも周りはみな「社会保険労務士」である。何度も顔を合わせれば親しくなることもあるし、場合によってはその人達から研修以上のことを教わることもあった。

社会保険労務士として、仕事はもちろんしなければならないし、顧客の対応も大事ではあるが、顧客に対する情報提供など、よりよいサービスを行うためには研修などに参加して法律に関する知識や新しい情報を仕入れ続ける必要がある。どちらも両立させる必要があるのだ。

▼「めんどくさい」は「もったいない」？

もちろんどれもこれもが有益で、すべてが自身にとって血肉となれば言うことはないが、中には「結果として、今日の研修は受けなくても良かったかな？」と思うものもある。しかしこれはその研修に自分が何を求めていたかというのと実際の内容が結果的に食い違っていただけの話なので、仕方のない部分もある。

研修講師の話が物足りなく感じるのは、事前の期待が大きすぎたか、研修講師の力量がイマイチかなどいろいろ原因はあるが、受けてみなくては始まらないのである。

いろいろ受けていくと、自分に合う講師や、求めている内容かどうかなどがなんとなくわかるようになる。

講師を務めるのは皆しゃべりのプロというわけではなく、行政の担当者（つまり公務員）であったり、そのテーマの第一人者であったりと実務のプロだったりするのである。そういった人たちから自分が学ぶべきものはなにか？　こればかりは行ってみなければわからないのである。であるならば、まずは参加してみるべきであろう。

今現在企業に勤めていて、企業内で行われる研修に参加するのを「めんどくさい」「時間がもったいない」と思っている人がいるかもしれないが、それはかなり「もったいない」ことだと思う。

会社が研修を従業員に対して研修を行うのは、従業員として知識やスキルをアップさせることを目的にしているのだが、多くの費用がかかっているのだ。一人当たり10万円単位の費用がかかったりするのはザラだし、100万円かかるものもある。こういった費用は、その研修で身に着けたものを仕事の中で活用されることを期待するからこそ負担するのである。もし社員が会社を辞めてしまえばそれまで、ということになるのだが、これはこれで事業主としても仕方がないものとして納得できる。しかし「めんどくさい」といってろくすっぽまともに受けず、結果金がかかっただけとなっては泣くに泣けないだろう。研修で得た知識やスキルは、研修を受けた本人の身に着くものであり、これは決して荷物になることはない。「このスキルを持っているから、こっちのスキルが身に着かない」とか、「この資格を持っているがために、違う資格が取れない」ということはないのである。であるならば、そういった研修には積極的に取り組む方が本人のためになるのだ。

▼受けたい研修

翻って社会保険労務士に対して行われる研修、実際に参加するとき、多くは無料であるが、実際は費用がかかっているのである。講師に対しての謝金や会場費、研修の広報にかかる費用である。そしてその原資は、社会保険労務士一人ひとりが毎年納める会費なのである。

またこれら研修は各県会や各県会内の支部の研修委員が中心となって企画を立て、講師を選定して会場を押さえ、会員に通知する。かなりの手間がかかっているのである。この中でも一番大変なのは、まずは企画ではないだろうか。個人的な好みだけで選ぶわけにいかないし、いつも同じようなテーマというわけにもいかない。参加者が少ないと意味がないのでできるだけ多くの人に興味を持ってもらえるようなものでなくてはならないし、興味を持ってもらうことだけを考えてしまい、そもそも社会保険労務士として必要なものであるかということを忘れてもいけないのだ。研修の担当者は、仲の良い社会保険労務士や参加者などに「どんな研修を受けてみたいか」を日々尋ね、参考にしていたりする。すべての研修を担当者一人で企画しているわけでもないと思うが、この「企画する」という役目は結構な重圧であろう。

だから、希望を言えば必ず通るというものではないが、企画に対する希望を出してもらえることは担当者としてもありがたいことだろうし、伝えておくことでどこかで繋がり実現することがあるかもしれない。「つまらない」と言って参加しない方を選ぶのではなく、そうやって積極的に関わっていくことで、結果的には自分の成長にも繋がっていくのだから、やらない手はないのだ。

▼自分が講師になることも？

研修は受けるだけでなく、自身が講師を務めるようなケースだってあるかもしれない。それがある法律の運用であったり、顧問先の業界だったりなど勉強していることや経験を元に話して欲しい、と頼まれることがあるかもしれないのだ。もちろんすぐにとか、誰にでもできることではないが、自分が精通している分野についてそういった講演などを頼まれたときは、知識や経験を分け与える気持ちで快く引き受け、取り組んで欲しい。恥ずかしながら筆者にはそのような経験はないが、講師の引き受け手があまりいないとも聞く。普段同じようなことを顧客には話したりもするが、研修となると相手は同業者である。最低限の知識はそれぞれに持っているはずだし、研修には更に高いレベルを求めて参加してくるに違いない。そう思うと、なかなか引き受けづらくなってしまうのだ。だが、人に教えるということは自分のためにもなることなのだ。人に教えることになれば、間違えたことを教えるわけにはいかないから、わかっているはずのことでも再度調べたり、確認したりする。同じ資格を有して共通言語を持っている相手とはいえ、伝わらないのでは意味がないから説明の仕方も工夫する。そうすることで知識は定着し、説明を工夫することで顧客に対する説明の仕方も変わってくるのだ。いかに専門用語を使わずに説明できるか、そういった気遣いが顧客に対するサービスにも反映されていくのだ。まずは小規模の勉強会などから、始めてみるのもよいのかもしれない。

▼研修テーマは業務に直結することだけ？

一般的に「研修」といえば、業務に直接関わる内容であることが多いし、関わらなければそもそも研修なのか？　と疑問を持たれることになる。しかし、専門外のことは全く関係ないかというとそんなことはない。社会保険労務士が関わる案件は試験科目にある法律に関するものだけではない。だが残念ながら、それらが支部等の研修テーマとしてそのものズバリ出てくることはあまりない。支部等の研修は予算や講師の関係から業務に直接かかわる法律や制度に関するものがメインとなるからだ。では周辺部分に関して学ぶにはどうすればよいのか？　そこで、支部や交流のある有志で勉強会を立ち上げ、自分たちで学んでいこうとする人達も出てくる。なぜそこまでするのか？

たとえば、従業員が退職となる場合、その手続きや退職後の失業に関する給付などはもちろん社会保険労務士業務の範疇であるが、その後再就職ができなかった場合生活はどうなるのか？　退職の理由が本人にとって不本意なものである場合、当然のことながら多くの人はその後の生活に不安を覚える。生活保護などを含めたセーフティネットがどのように機能しているのか知った上で会社に対してアドバイスできれば、従業員本人からの幅広い質問にも答えることができる。会社と従業員の間のトラブルが退職時に起こることが多いことを考えれば、従業員が納得して円満に退職していくことはトラブルを回避する上で一番大切なことなのだ。

多くの従業員がいれば、家庭の事情などはそれぞれに異なってくる。型通りに制度を当てはめれば完結するものではなく、周辺の法律や制度との連携をイメージしながらアドバイスができないと安心感を得ることは難しく、その結果会社の信頼もなかなか得られないことになる。他の士業の業務分野も含めて浅く広く学んでおくことで、社会保険労務士としての自分がどのようなアドバイスを行うべきかもわかるようになるのだ。そのためにも、幅広い分野に関する研修を受けておくことをお勧めする。

Column

CASE 2 シルエットは似ているけれど…

社会保険労務士の仕事の一つに、「社会保険手続きの代行」というものがある。社会保険の届出を事業主に代わって行うというものだが、そのときのお話。

顧問先の会社で新たに社員が入社したというので、健康保険・厚生年金の資格取得届を作成して当時の社会保険事務所（現在の年金事務所）に持参した。当時はその場で健康保険証を作成・交付してもらえたのでしばらく待ち、程なくして出来上がった健康保険証を事務所に持って帰った。

早速顧問先の会社に送ろうと発送準備をしながらふと、出来上がった健康保険証を見ると何かがおかしい。あれ？と思いもう一度見返して思わず声を上げてしまった。

新入社員の人の名前は「田中 香」（苗字は仮名）なのだが、健康保険証には「田中 番」になっていたのだ。窓口で渡されたときに一応確認したつもりだったのだが、シルエットが似ていたことであっさり見逃してしまったらしい。健康保険証にはフリガナもあり、それには「カオリ」となっているのだが。提出書類の控えを確認したところ、間違いなく「香」になっている。ビックリして社会保険事務所

に電話し、作成した担当者にその旨を告げると、本人もビックリして平謝り。当時のシステムがどのようであったのかはわからないが、携帯電話のメールなどにある予測変換もまだなかった頃だったので、どうやったら「香」を「番」と入力することになるのか今もって謎である。「孝」や「考」と「老」、「大」、「犬」、「太」など、つくりが同じようになっているために手書きで間違ってしまったのならわからないではないのだが。いや、やっぱり普通は間違えることはないか。

モヤモヤする思いを抱えながらも、結果としてはこちらの確認ミスになってしまうわけであり、なんともお恥ずかしい話である。

社会保険労務士に限らず、士業にはこのような「やってはいけない間違い」というものがあり、中でも人の名前というのは最たるものである。なにせ、漢字一文字違っただけで別人になってしまうのだ。例えば、「サイトウ」さん。「斉藤」「齊藤」「齋藤」と単純な変換でもこのように出てくるが、同一人物の履歴書と年金手帳、住民票がバラバラなんてこともある。日常生活の中ではどう書いたとしてもみな「サイトウさん」と読んでくれるだろうが、実務上は戸籍がどうなっているかを確認して、それに合わせて年金手帳などの登録を変更する必要が生じてくる。別人として扱われてしまうことで、年金を受給できないなどの問題が起こってしまうからだ。

それを本人が間違えているならいざ知らず、他人ましてや士業がやってしまっては間違われた当人は決していい気持ちがしない。例えば筆者の名前は「輝雄」だが、「輝夫」とか「輝男」に間違われて文書が送られてきたり、何かの名簿に登録されたりする。ほとんどが単純な変換の誤りだし、40年以上生きてきて数え切れないほど間違われてきたので自分としては「ああ、またか」くらいにしか思わなかったりするが、これは個々人の感じ方の差であってものすごく怒る人もいる。プライベートなら「ごめん」で済むかもしれないが、仕事にあっては怒られて当然であろう。

どんな仕事でもそうだが、社会保険労務士にとっても「指差確認」はキホンのキであることは間違いないのである。

社会保険労務士の世界へようこそ［勤務登録編］

士業だけれど、サラリーマン

資格を取ったサラリーマン、どう生きる？

資格を取ったら変わる？

さて、いよいよ有資格者として働くことになったが、日々の仕事は変わるだろうか？　資格を取得する前と後で会社が違ったりすれば、環境も大きく変わるだろうが、日常の業務がいきなり変わるということはないだろう。あなたが、もともと総務や人事といった社会保険労務士に直接関係するような業務を行う部署にいたなら話は別かもしれないが。会社側としても、資格を取得したことで本人の意欲や適性を認めることにはなるだろうが、それだけをもっていきなり配置転換を行うということはなく、本人のキャリアや全体のバランスを考慮して決定されることが多いはずだ。

「社会保険労務士の資格を取り、サラリーマンとして働く」ということについて考えてみたいと思う。

資格取得で会社内での扱いは変わるのか？

筆者の事務所のある港区には、多くの企業の本社が置かれている。その中の総務部や人事部に配属されたことをきっかけに社会保険労務士を志し、勉強して資格を取って社会保険労務士登録をしたという人は非常に多い。彼らが資格を取る前と取った後で何が変わるだろうか。

お付き合いのある数名に聞いてみたが、「変わる」「変わらない」それぞれであった。会社員には配置転換が付き物である。ましていわゆる大手企業では多くの部署、系列会社などがあり、異動先には事欠かない。もちろん、社内の人事制度の大幅な改定など、一大プロジェクトに関与しているような最中にその一員である本人を異動させることはないかもしれないが、資格を取っただけでいきなり特別扱い、というようなことはないだろう。

ただ、その資格を取得したことで本人の意欲や専門性が認められ、その分野での活用が検討されるということはあるだろう。あわせて自己啓発をしているという本人の努力も含めて評価するという会社も多いようである。

▼社内での社会保険労務士としてのお仕事

現在総務や人事の部門に所属しているとして、実際はどんな仕事があるのだろう。社会保険労務士の業務の範囲で考えると、一般に人事部門では従業員の採用から異動・配置に始まって、教育・研修、社会保険手続き、給与の計算、福利厚生や組合との交渉など多岐に渡る。つまり、自社の従業員の採用から退職という、会社に関わる入口から出口までの部分から、雇用保険・健康保険の失業後の給付や年金など退職した後の生活にまで及ぶのだ。

また、企業規模が小さくなれば人事部門が独立した形ではなく、総務などと一体となった部門で仕事をすることになる。逆に社内での担当割などによりあくまで一部分にしか触れることしかできない場合もあるが、そもそも社会保険労務士の業務は会社の人事総務全般に及ぶものなのだから、自身の勉強次第で多くの可能性を秘めているのだ。

また気になる自分自身の給与であるが、勤務する会社自体や会社内でのキャリア次第であるため一概に言えないが、人事労務の仕事に直接従事する場合、会社によっては一定の資格手当を支給してくれるところもあるようだ。またその制度を作るのも、社会保険労務士の仕事といえる。お手盛りといわれないようにしたいものだが、他の従業員のモチベーションを考えながら仕事をするという意味では、大事なことであろう。

▼資格を取得しても希望した仕事に携われるわけではない

せっかく社会保険労務士の資格を持っていても、すぐに関連した業務に就けなかったりすることもある。苦労して取った資格と知識を武器に、これから頑張って仕事をしようという人にしてみれば、がっかりなことだろう。でもそんなときは思い出して欲しい。今そこで仕事をするためだけに、難関資格といわれる社会保険労務士を目指したのだろうか。資格を取ったこと自体は本人の努力の結果であるし、会社も認めてくれるであろう。だからと言ってすぐに希望した仕事ができるようになるかどうかは、また別である。

組織にも都合がある、ということはサラリーマンとしてはもとより、社会保険労務士としても理解できなければならないことであるのだ。社会保険労務士としての経験を積み、能力を発揮していくことは大事なことだが、まずは今与えられている仕事を全うできなければ、希望の部署への配属もかなわないし、たとえ配属されたとしても社会保険労務士としての仕事もままならなくなってしまうであろう。もし、どうしてもやりたい仕事があって、自分にはその能力もあるのに所属する組織の都合でできないとしたら、その先はもう自分で判断するしかない。その組織を離れて別の組織に移る（転職）か、組織とは関係なく自分で事務所を立ち上げる（独立開業）かだ。何の仕事をするかも大事だが、仕事とどう向き合っていくか、という根本的なことについて考える必要があるだろう。

共通のスキルを身に着ける

希望しない部署についている、または配属されて腐ってしまいそうになっても、あきらめるのは早い。取ったからにはすぐにその資格を活かしたくなるのが人情だが、組織の中ではそう思う通りには行かないものだ。社会保険労務士として、専門的な知識や経験を積むことも大事だが、仕事をしていく上では自分自身の「人間力」を上げていくことも必要だ。

ここでいう人間力とは、「コミュニケーションスキル」や「リーダーシップ」、「公共心」などの社会的・対人的要素のことだと思っていただきたい。これは社会保険労務士に特有のものではなく、社会人として仕事や生活を営んでいく上で必要な力だと思うが、「資格業」というとなぜか後回しにされがちである。しかし本来は最低限求められるべき要素であると思う。

それはどういうことか。資格を持っているということはその分野に対して一定の知識や経験があるとみなされる。それによって依頼者や周りの従業員から相談を受けたりするのだが、コミュニケーション能力や共感する能力がなければ、ただ法律や制度を説明するだけの人になってしまうからだ。相談者たちが何で困っているのか、そこで自分に何を聞きたいのかを明確に聞き出せなくては、回答らしきものをしたところで相手にとって何にもならないのである。そして自分にとっても時間のムダになってしまう。労働・社会保険の制度は本人の収入や家族など、センシティブな内容に関わることもあり、他人にはあまり話したくないようなことも多い。同じ会社に勤める同僚で、国家資格者だからと信用して話したことが、まるで他人事のような対応をされたり、「上から目線」で物を言われたりしたらどうだろうか。「あの人は試験だけはとりあえず通ったけど・・・」と言われてしまうだろう。人の話を聞き、相手の聞きたいこと、相手の置かれた状況を理解し、それに対して答えていく。これは社会保険労務士に限らず、すべての仕事で必要なことだろう。チームで動く会社という組織であれば尚更である。自分にはその能力があるだろうか、今いる部署でもそれができているだろうか。営業や広報、流通、開発、研究、企画、販促など、人によって今の仕事は様々だろうが、ヒトが働くものである以上仕事の根本の部分は社会保険労務士と違いはない。だからこそ、「ヒト」に関する専門家を名乗れるのである。今の部署で吸収し、学べることがないかどうか、もう一度見直してみてはいかがだろうか。

いったい誰の味方？ ジレンマの日々

晴れて社会保険労務士として企業の中で働くことになれば、自身の知識を総動員して仕事に当たる日々がくる。待ちに待っていた日が来たことで希望でいっぱいだろう。間接部門である人事・総務の部署に配属され、社会保険労務士として会社の従業員が働きやすい環境をつくり、その結果企業自体の業績を上げることができたなら、担当者としてこんなやりがいのある仕事はないであろう。

しかし、現実はそう簡単にうまくはいかないこともある。組織の中で生きるサラリーマンとしては、会社の方針に沿って行動していくことが求められるからだ。従業員が働きやすい環境を整えるとはどういうことか？「働きやすさ」というのはもちろん個人によって異なるが、その多くはコストがかかるのである。一定量の仕事があって、それを何人の従業員で処理するのか。もちろん、従業員の数が多いほど一人の負担は減る。しかし、従業員一人当たりの人件費を考えずに人を増やしてしまえば、仕事を処理できたとしても、その結果得られる利益は小さくなってしまうか、場合によってはマイナスになってしまうこともありうる。会社の目的は業務をこなすことではなく、利益を上げることなのだからそれは許容できない。むしろ極限までコストを下げ、利益を最大化するよう求められるだろう。ということは、従業員一人ひとりに個人の持つ能力を効率よく最大限に発揮してもらい、最少人数で処理することが求められる。まさにジレンマである。

従業員の働きやすい環境をつくることだけを考えれば、従業員の負担を考えた人員規模で運営すればよいのだが、そのコストは結果としてその会社の商品・サービスの価格に反映される。それが唯一無二の商品・サービスであるならば、価格競争など気にせずにひたすら良いものを生み出すことを考えていられるが、そんな会社ばかりではない。大手企業ならいざ知らず、多くの中小企業にはそもそも人員にかけるコストに余裕がないから、法定の労働時間めいっぱい働くだけでなく、残業もしっかりやってもらい、一人当たりが生み出す利益を高めることが求められるのである。ほかの従業員よりも知識を持っている社会保険労務士として、「こうした方が良いのではないか」と提案しても、最終的に判断するのは経営者であり、必ずしも採用してもらえるとは限らない。これは経営者自身の考え方や会社の置かれている状況によっても判断が異なってくるからだ。

▼会社への提案

会社の方針に対して、「もっとこうすれば良いのに」と思うことは、開発や営業など、他の部署でも起こることだろう。開発や営業であれば、「こういうものを作れば」そして「これをこうして売れば」結果として「売り上げが上がります」という提案ができる。もちろん「売り上げを増やし」「無駄なコストを減らす」ことがそれぞれの部門で求められることではあるが、基本的にコストとして見られる間接部門は、コスト削減を求められる。それは提案によって「売り上げが上がる」ということがなかなか示しづらいからである。そんな間接部門で、社会保険労務士としてできることは何か？近視眼的なものの見方ではなく、大きな視点で見ていくことが必要となる。例えば労働法規の遵守という点で会社を見たときにどうだろうか。当然会社によって「ほぼ完璧に遵守している」「一部を除いて遵守できている」「遵守できていない点が多々ある」などいろいろな状況があると思うが、遵守できていないとするならばなぜできていないのか。それは改善される見込みがあるのか、改善されない場合のリスクは何なのか。これらを社会保険労務士としての知識・経験を使って状況を把握・分析し、改善を提案するのである。

組織というのは、理屈だけでは動かない。社長の「ツルの一言」で動くこともあれば、複数の思いや意見がこんがらがって全く動かないこともある。そんな中で判断してもらうための材料を、専門家としてどのように揃えるのか。腕の見せ所なのである。

●会社内における社会保険労務士の役割

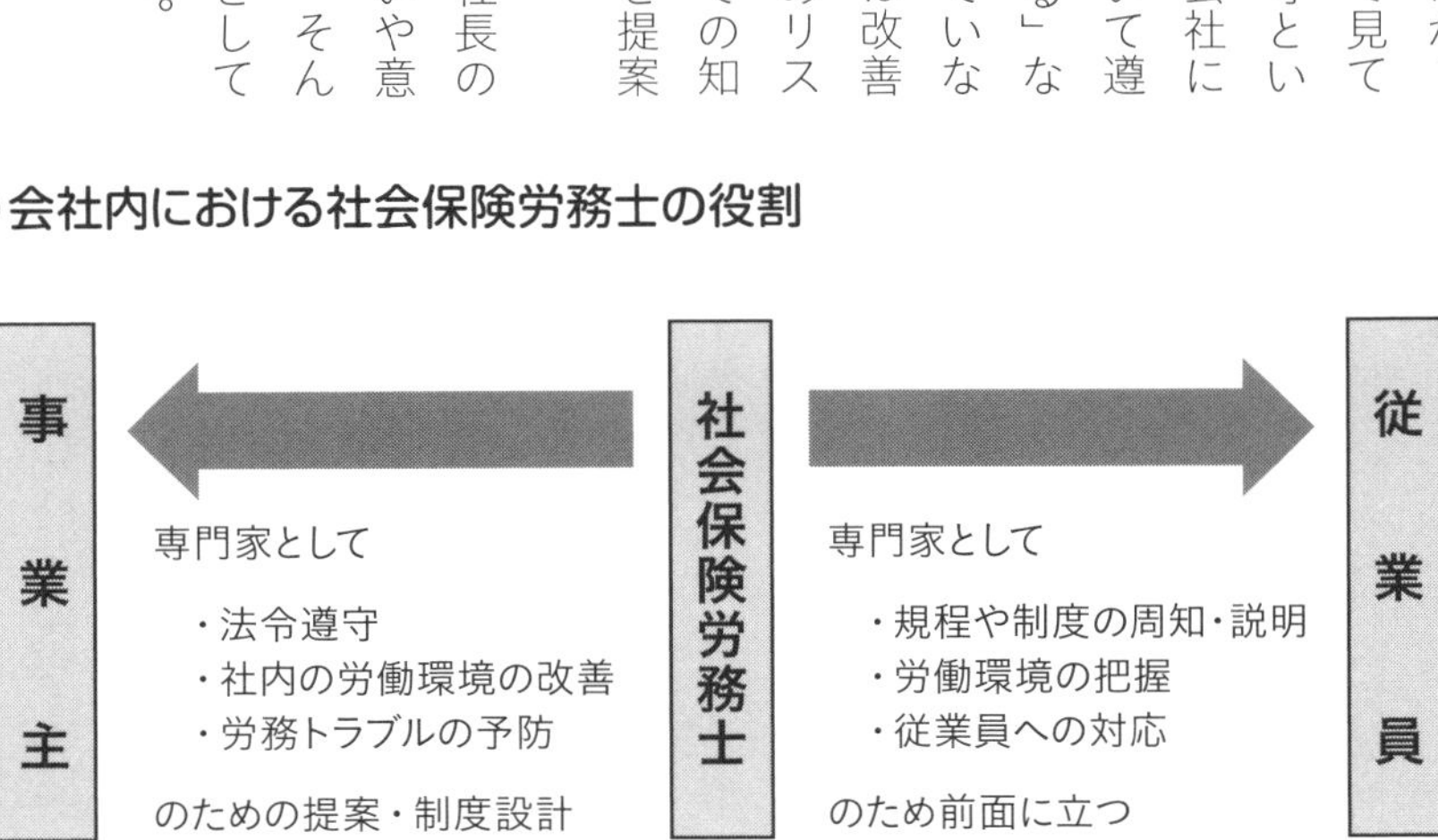

08 開業を夢見る勤務社会保険労務士

開業と勤務、その壁の向こう側

それは突然やってくる？

会社の中で社会保険労務士としての能力を活かせるようになり、周囲の自分を見る目も変わってきた頃、それは突然来るかもしれない。

「独立開業したら、どうなるだろう」という思い。資格を取るために通った学校の仲間は既に独立していたりする。支部の研修などで接する開業社会保険労務士は、自由で楽しそうだ。そんな姿を見ていると、自分にもできそうだし、やってみたいと思い始める。もちろんそんなことを端から思わない人もいる。社会保険労務士の資格は今の会社で働く中で必要だと感じたから取っただけというなら、それはそれでよいのである。それでも「いつかは一国一城の主に」と考えていた人が、自分と同じ資格を持って独立開業している他人の姿を見たら「自分もやってみたい」と思うのはごく自然なことであろう。事実、筆者が勤務登録から開業登録に変わったときに、もともとお付き合いのあった複数の企業勤務の社会保険労務士から「開業って、どうなの？　話を聞きたいのだけど」と声をかけられた。もしかしたら一部には「この不景気にようやるわ」という冷やかしもあったのかもしれないが、その後実際に話をした人たちは皆真剣であった。ビジネス的に成功かどうかなんて話を自分にできるわけもなく、そのときの心持ちを聞かれたりしたのが主なものであったが、おそらくそれは筆者の立場が彼らに一番近かったからだろうと思う。彼らは少なくとも、独立開業を心のどこかで志し、でも別のところでは今の会社員としての生活にもある程度満足し、その狭間でなんとなく、あくまでなんとなく揺れているといった雰囲気であった。しかし選択肢のある中で考えられるということは、自分で人生を勝ち取っていこうとする人にとっては幸せなことである。その選択肢も、自分の努力で勝ち取ったものなのだから。

独立するタイミングは、やって来るのか？

正直なところ、悩んでいるだけでは結論は出ない。そんなことをしている間にも時間は流れ、毎日仕事に行き、日々の生活を送らなければならない。家庭を持っているならば配偶者や子供のことも考えなければならないし、そして自分は年を取っていく。そんな中で、自分が思い描いていた独立のタイミングはいつ来るのか？　これぱっかりは、誰にもわからないのである。だって、どんなにタイミングを計っても「今でしょ！」なんて誰も言ってくれないし、言ってくれたところで誰も責任が取れないのだ。たとえ会社をクビになっても、そこから独立開業するのか、違う勤め先を探すのかだって本人次第なのである。どう選択をするかを考えるにも、準備が必要なのである。

お客が取れるのか取れないのかはやってみないとわからないから、そのための備え（＝お金）は必要だし、お金があれば安心だけれどもそれが尽きる前にどうやって顧客を捕まえて増やしていくかの戦略もなければ先はない。事務所をどこにするかも考えなくてはならないし、勤務と開業で年会費も異なる。思いつく限りの要素を取り出して事業計画を立てたときに、今の備えでやっていけるだろうか？　踏み出すに当たってはノリと勢いも大事だが、ノリと勢いだけでは踏み出して失敗することも多いのだ。自身の性格もあるだろうが、押さえるべきポイントは押さえておかないと、後で悔やむことになるかもしれない。

▼開業社会保険労務士と付き合ってみよう

都道府県会や支部によって、開業社会保険労務士と勤務社会保険労務士の交流の密度には差があったりする。筆者が所属している東京都でも支部によってだいぶ温度差があるのだから、全国で見れば本当に様々であろう。支部のイベントで絡みがなければ、研修に参加した折に話しかけてみるといいかもしれない。開業社会保険労務士だって元は勤務社会保険労務士であった人も多いので、なんとなく昔の自分を思い出したりして、いろいろな話を聞かせてくれるかもしれない。人によっては違いはあるだろうが、生の声というのは貴重である。そうして開業社会保険労務士とのパイプができれば、後々自身が開業したときに初めてではなく「顔見知り」になっているのである。開業社会保険労務士は開業社会保険労務士で、独自のネットワークができているから情報も入る。逆に、開業社会保険労務士は企業の勤務社会保険労務士の情報や経験を聞きたい人も多いから、まさにギブ＆テイクとなるのだ。依頼者である人たちに対しては「社会保険労務士業界」として対応していく必要があるのだから、士業としての認知をさらに上げるようサービスの品質を高めていかなければならない。「開業だから、勤務だから」と意味のない心の壁など作らずに、どんどん交わりを持つべきであろう。

社会保険労務士事務所に勤務する

サラリーマンだけど何か違う？　事務所勤務というカタチ

勤務は勤務でも

勤務社会保険労務士ではありながら、一般企業に勤務するのとはまた違う働き方がある。社会保険労務士法人・事務所に勤務するという形だ。社会保険労務士法人・事務所はクライアントの依頼を受けて事務手続きや相談業務などを行うもので、開業社会保険労務士が立ち上げた事務所が大きくなって法人化するケースも多い。そこに職員として勤務するのである。企業に勤める勤務社会保険労務士と異なるのは、企業の中であればその社員として自社に関する事務のみ処理することになるが、社会保険労務士法人・事務所に勤務することでそこのクライアントの事務を処理するかたちになり、一社だけでなく複数の会社を担当したりするケースが出てくることである。企業勤務であってもその企業の規模が大きければより多くのさまざまなケースを経験できるが、似たようなパターンが多かったりして経験の種類が限られてしまう場合がある。こればかりは勤務先の事情によるのだが、実務経験の数と種類を求める場合は社会保険労務士事務所・法人に勤務するのが一番であろう。

どんな事務所に勤務すべきか

ただ、社会保険労務士事務所と言っても一人でやっている個人事務所から、会社のようになっている社会保険労務士法人までさまざまである。そもそも人材の募集があるのかという問題もあるが、どんなところで勤務するとよいのであろうか。

まずは一人でやっている個人事務所の場合。自分以外に職員はいない、もしくはボスである社会保険労務士の親族（配偶者やその子供）くらいというような場合だ。このような場合はボス一人では仕事がさばけない量になってきたことから職員を雇うというような形になるので、あくまでボスの補佐としての働きが求められる。そのために事務的な要素が非常に多くなるであろう。社会保険の手続きや給与計算などが多くの割合を占めることになる。実務経験が少ない身にとっては初歩的なものが多く最初はありがたいかもしれない。ただ、事務所としての規模はそれほど大きくはないため、顧客の規模もある程度限られ、仕事の幅がすぐには広がらないこともある。また、コンサルの業務や営業をボスが行うため日中は外出していることが多く、場合によっては「ほったらかし」になってしまうケースもあると聞く。これればかりはボスの方針次第だが、どんな役割を期待されているかによって経験できる業務は異なってくるだろう。反面、人数が少ないアットホームな雰囲気の下で、自分がボスをうまく補佐した結果事務所が成長すれば、それを身近に感じることもでき、やりがいを持って仕事をすることができるのもこういった事務所に勤務した際の特長であろう。

一方、ある程度大きくなった社会保険労務士法人に勤務する場合はどうだろうか。社会保険労務士2、3名から20～30名程度と幅があるが、大きくなっているだけに顧問先の規模もいわゆる零細企業から大企業まで幅広くなり、自身もそのうちの一部を任されるようになる。もちろん実務経験が少ないうちは初歩的な手続きや事務作業の繰り返しになるが、仕事を覚えていくにつれ就業規則の作成や相談対応、助成金など顧問先に合わせた業務が増えてくる。法人にもよると思うが、筆者が勤務していた事務所では最初は先輩について手続きや給与計算などを学び、まずは規模の小さい顧問先を任される。任された顧問先で出てきた相談などに対応し、だんだん任される顧問先が増え、新しい顧問先の対応もする…といった形で仕事の幅も量も増えていった。担当する顧問先で発生した仕事は基本的にすべて自分が対応するのだが、初めての業務が発生した場合は先輩に聞いてフォローしてもらいながら進めていくのである。事務手続きの処理などであれば決まったやり方で対応すればよいが、労務トラブルの相談などの場合は法律的にはどうか、従業員の言い分はどうなのか、事業主はどうしたいのかなどいろいろな方向から検討してアドバイスをすることになるので、先輩だけでなくボスにも相談する。事務所の看板を背負っているからには勝手な判断はできないのだ。もちろんボスと話すときには「自分はこう思う」という話もして、その上で判断を仰ぐ。ただただ「どうしましょう?」と聞くだけでは今後の自分の成長につながらないからだ。

このような場合に面白いのは、自分では「前に経験したものと同じケースだな」と思っても必ずしも同じ答えが返ってくるわけではなかったりすることだ。これはやはり経験の浅さから来るもので、実はシチュエーションが全く同じということはほとんどない。会社が違えば当然に人も違うわけで、同じ対応をしてもそもそも相手の反応が全く違ったりするのである。どんな仕事でも同じかもしれないが、人を相手にする仕事は毎回違うものと考えてやらねばならないということをこの仕事の中で思い知った。

多くの仕事を経験できるのが社会保険労務士法人に勤務するメリットであるが、当然デメリットもある。規模が大きくなって組織化されればされるほど分業化されるようになるため、法人によっては一定の業務、例えば「手続き」や「給与計算」などに担当が分けられてしまい、限られた分野しか経験できないケースが発生することもある。そうなると仕事の量は増えるが幅が広がらず、一部分に詳しいだけになってしまうことが有り得るのだ。幅の広い社会保険労務士業務を経験するために法人に勤務するのに、結果として幅を狭めてしまうことになるのでは残念なミスマッチと言わざるを得ない。勤務する際にはその法人がどのように業務を行っているかを確認する必要があるだろう。

以上、個人事務所、法人それぞれについて述べてみた。法人化できるようになってから約二十年、大規模なものが増えてきたとはいえ、個人事務所のような雰囲気を持っているところも多い。これは我々のような士業の事務所に限った話ではなく、一般の中小企業にも通じることではあるが、個人事務所にしろ法人にしろ、そのボスである社会保険労務士のキャラクターが色濃く反映されることは間違いない。長く勤務している人が多い事務所・法人もあれば、反対に人材の回転が早い事務所・法人もある。どちらが良いというものではなく、そこには事務所・法人の方針や、顧客先の構成、職員個人の性格やボスとの相性といったある種「縁」という要素が絡む。もちろん、職員として事務所・法人の雰囲気になじんでいこうとする自身の姿勢というのも大事であるので、これから自分がどうなりたい、どうしたいといった勤務する目的をしっかりと持って勤務先を探すことが肝心であろう。

Column CASE 3

バッジの価値は?

士業といえばそう、バッジである。士業の一つである代議士も、その証として議員バッジをつけているし、ひまわりの花弁の中央に天秤が彫られている弁護士のバッジは非常に有名である。では、社会保険労務士のバッジがどんなものか、読者の皆さんはご存知だろうか。

社会保険労務士のバッジは菊の花弁の中央にSRの文字が付されている。「SRってなに?」と思われるだろうが、「社会保険(Shakaihoken)」と「労務士(Roumushi)」の頭文字をとっているのである。

このバッジであるが、社会保険労務士になったら交付されるのか……? さにあらず、自分で購入するのである。社会保険労務士としての登録後に自分でお金を払って買わないと手に入れることができないものなのだ。そしてその後は弁護士や税理士のように、紛失したら始末書を書かねばならないというものでもない。そのため持っていない人もたまにいたりする。他の士業の人に聞くと、意外と皆持っていなかったりする。そしてこれは若くなるほどその傾向が強いようだ。「バッジをつけていると偉そうにしているように見える」なんていう声もあった。実際自分もそうであった。バッジを着けて外を歩いているとなんだか見られているような気分になってしまったのだ。これはこれで自意識過剰であろう。

しかし今では、自分の仕事を表すものとして大事にしていくべきだろうとも考えている。単に見せびらかすためのものではなく、自分の仕事に誇りを持っている証としてつけるべきだし、着けられるようにしなければならないのだ。見られて恥ずかしい、という過剰な自意識を、見られても恥ずかしくないように自分でしていかなければダメなのだ。

しかしこのバッジ、いつでも着けているべきだろうか。着けている本人は意識がなくとも、対面して話している人間には否が応でも視界に入ってくる。仕事ではそれこそが大事であるが、お酒の入るような場ではどうだろうか。仕事が絡む場でなければ、基本的には外すか裏返す、という人が多いのではなかろうか。ある知り合いの弁護士などは「酒の入る場は揉め事に巻き込まれるケースがあるからバッジは裏返す」と言っていた。バッジで職業がわかってしまうだけにそういうこともあるのかと驚いたことがある。有名なのもそれはそれで大変なものなのだ。一方で別の弁護士は「バッジを着けてないと警察官に職務質問されるので必ず着けてます……」おそらくこの弁護士一流のネタであろうし、そうであってほしいがバッジも使いようだなと思った次第である。

ちなみにこれも知り合いの話で恐縮だが、ドラマで社会保険労務士を登場させるからバッジを貸してくれと頼まれたという話がある。弁護士であればバッジはそもそも借りるわけにいかないし、ドラマなどで頻繁に登場するので小道具として作製されているのかもしれないが、なにせ社会保険労務士である。ドラマなんてほとんど出ることがないし、次にいつ使うかなど予定も立たないだろう。ならば作るより借りようと考えたのだろうが、このような状況を聞くと、いつか小道具として常に用意されるくらいに社会保険労務士の認知度を上げられるよう頑張りたいものである。殺人事件に巻き込まれて謎解きをする社労士でも、倍返しする社労士でもよいからどこかで作ってくれないものだろうか。現実は地味なものだが、フィクションではドラマチックに！

社会保険労務士の世界へようこそ［開業登録編］

事務所の場所をどうするか？

さあ開業!!　決めるべきことはたくさんある

▼ハローワークや年金事務所の近くに開業というのは一昔前

さて、士業としての独立開業に向け、まずは本拠地となる事務所を登録しなくてはならない。どこにするのがよいのだろう。ハローワークや年金事務所の周囲に社会保険労務士事務所の看板を良く見かけるが、役所の近所というのはひとつの考え方ではある。手続きを負担に思う事業主が役所に赴いたときに看板を見て「もしかしてこの手続きって、頼めるのか？」と思ってくれればしめたものである。ただ三十年前ならまだしも、インターネットが発達した今日ではそういったケースは減っているだろう。

では、駅のそばか？　駅が近ければ通勤も便利だし、顧問先への訪問、来訪もしやすくなるに違いない。しかし問題はそこにかかる家賃である。駅近は家賃の相場が上がるのは当然といえば当然なので、ならばどの駅にするのか、ということを検討したうえで実際の金額と向き合ってみるしかない。

実は、場所がそんなに重要かというと、結局は仕事のやり方と周りの評価の問題であると思う。飲食店と違い、我々はインターネットほか通信手段が発達した今日、仕事をするのに場所を選ばなくなったのは事実である。ノートパソコンが一台あれば、たいていの仕事ができてしまうし、プリントやコピーだってコンビニでも十分できる。仕事の連絡をするのにも、携帯電話、メール、FAX、LINEなど、通信手段がひとつしかないという人は皆無であろう。

ではどこでも良いかというと、そういうわけでもないのである。初めて会って名刺交換したときに、事務所の住所を見られて「いいところに事務所を構えてらっしゃるんですね」と言われることで、ある意味信頼につながることがあるのは確かだ。

つまり、

「いいところに事務所を構えている」

「いいところは家賃が高い」

「それなりに稼げているに違いない」

「仕事を頼んでも間違いないだろう」

という心理である。仕事を依頼するに当たって、なにを根拠にするのかは依頼者によってそれぞれであろうが、事務所の所在地などから安心感を持たれることもあるのだ。

▼事務所選びいろいろ

・自宅を事務所にする

特別なお金もかからず、一番手軽。ただし、オススメかというと難しい部分もある。単に事務処理作業をする場と考えれば、他人に書類を見られることもないし、ある意味いつでも仕事ができる。

しかし打ち合わせなどをする場合はどうだろう。生活感あふれるその場所に、付き合いの長い顧問先ならまだしも（それでもどうかと思うが）、新規の顧客を招いたりできるのだろうか？　私が社会保険労務士との契約を検討している事業主だとしたら、そんな社会保険労務士に仕事を頼みたいとは思わない。では外の喫茶店などを使う・・・ということになるのだろうが、世間話や一般的な手続きに関する話ならともかく、従業員の解雇に関する話などである場合はどこで誰に聞かれているとも限らないし、それを気にしながらでは必要な情報を聞き漏らしてしまう可能性もある。また女性の場合などは、自宅に招かないまでも郵便などを通じて自宅を知られてしまうというリスクもある。

それからこれは人によると思うが、仕事をする場でもあり、日々の生活を営む場でもあると考えたときに、仕事とプライベートのメリハリをつけることが難しくなる。こちらは自分自身の問題なので、各々検討してもらえればよいことであるが、みなさんはどうだろうか？

・事務所を借りる

これがおそらく一番オーソドックスな形ではないかと思う。しかし、その立地やスペース等によってかかる費用も大きく変わってくる。物件を探して、敷金（保証金）・礼金を支払い、その上で毎月の家賃を支払っていくのである。もちろん、事務所の中の什器や備品も揃えなければならない。

これらの費用を軽減するため、単独で事務所を借りるのではなく違った方法で事務所スペースを確保している人がいる。

・他士業や社会保険労務士、知り合いの会社に間借りする

他士業や社会保険労務士の先輩・知り合いの社長の会社に間借りさせてもらう方法である。もちろん、相応の家賃は払うことになるが、月額家賃およびプラスアルファでコピー機などを使用させてもらえる場合もあり、費用を抑えることができるだろう。

・シェアオフィスに入居する

言ってみれば「間借り」のビジネス版である。小さな個室を借りる、仕切られているブースを利用する、またはフリーアドレス（使用できる机が固定ではなく、空いている場所を都度使用する方式）など分かれるが、大勢でスペースを共有する方法で、士業のみならず起業する人たちにも多く利用されている。他の利用者と交流することで情報交換ができるメリットもあるが、個人情報を取り扱い、法律によって厳重な守秘義務を課されている社会保険労務士が衆人環視の中で仕事をするのは情報漏えいにもつながることであり、士業の事務所として登録を認められないケースもあり、どのようなタイプか注意が必要だろう。

・仲間と開業

他士業の資格を有している学生時代の友人などと、共同で借りるという場合もある。例え

ば、自分は社会保険労務士で、友人が税理士や司法書士などである場合だ。家賃などの費用を折半し、日々はそれぞれ独立した事務所として営業する。ただ、顧客の案件が他士業の業務に及ぶ場合はその場で紹介したりすることで、結果的に合同事務所のような形となるが、顧客に対してはワンストップサービス（異なる分野にまたがる処理が一ヶ所で済んでしまうサービス。士業の場合は個々に契約が必要になるが、相談者があちこちに足を運ぶ必要がなく、その場で相談から契約まで済ませることができる）を提供できることになる。

相談者にとっても利便性が高く、開業する社会保険労務士の側にとっても初期投資が抑えられるなどメリットも大きい。その反面デメリットとして、個人情報を扱う仕事としては、密閉されていないオープンな空間の中で別事業者と存在するということは、守秘義務を課されている社会保険労務士には相応しいことではないだろう。

もっとも、この守秘義務については他士業にも課されていることなので、共同で仕事を始める際によく検討することになるだろう。

いずれもネックとなるのは、業務上取り扱っている秘密を守りながら仕事ができるか、という部分である。

社会保険労務士の業務は、顧問先従業員の氏名、住所、生年月日にとどまらず、給与、家族構成などといった深い部分の個人情報まで取り扱うものである。それが閉鎖もされていない空間に晒されたままになっているというのは、自ら進んで秘密を漏らしているようなものだ。個人情報保護法（※1）が施行されて以来、個人情報の取り扱いに関して人々の意識が

※1　「個人情報の保護に関する法律」情報化の急速な進展により、個人の権利利益の侵害の危険性が高まったこと、国際的な法制定の動向等を受けて、平成17年4月に施行された法律。

とても高くなっている。

後述するが、今後はマイナンバー（※2）の導入も進められていく中で、万が一にも社会保険労務士から個人情報が漏れたとなると、事業主から受けている信頼を一気に失うこととなるだろう。

11 事務所で開業！ 開業直後に遭遇すること…

さあ業務スタート!! 思った通りにいくかは…

一人ぼっち、耐えられますか？

さて、めでたく事務所を構え、一人で事務所を開業したとする。

まさに独立である。

サラリーマンとは違い、誰に気兼ねをすることなく出勤時間も退勤時間も自由。何なら仕事に行かなくたっていい。それで済むかは知らないが。独立開業は、誰からもうるさく言われたりしない分、自分で自分を管理しなくてはならない。

自由とは、なんと心地いいものだろうか。サラリーマンとして働いた身には、なおさら身

※2 税、社会保障、災害対策での利用を目的に国民一人ひとりに番号を振り出し、利用する制度。「行政手続における特定の個人を識別するための番号の利用等に関する法律」（通称：マイナンバー法、番号法）に基づき運用される。

に沁みるのではないだろうか。

しかし考えてみよう。一人というのは何をするにも一人なのである。仕事はもちろん、食事だって一人。気がついたら、挨拶を含めて今日一日誰とも話さなかった、なんてことも有り得るのである。

社会保険労務士には、他の資格ではなくなぜその資格を目指したのかという質問に対して、

「人と関わることが好きだから」

と答える人が多いのだが、そんな人間が頑張って資格を取り独立開業した結果、誰とも関わらず黙々と一日を過ごす……。もちろん、仕事の上で籠って作業をすることはあるのだが、籠ってばかりでは気も滅入ってしまうし、いざというときに口の回りも悪くなる。だから、「1日に最低20人と話す」と決めて顧問先や社会保険労務士仲間はもちろん、飛び込みの営業マンまで巻き込んで、ノルマ化している社会保険労務士もいた。

人と関わらないことに慣れてしまうことほど、怖いものはないのだ。

▼自分で自分をコントロール!?

独立開業は、何をやるのも自由だが、逆に言うとやらないのも自由なのである。

「開業社会保険労務士です」と名乗ったところで、平日の昼間から映画を見て、空いてる時間に食事をし、公園で昼寝してたって誰にも文句を言われない。

サラリーマンをやっている友人たちはその時間、せっせと働いているのである。なんだかよくわからない優越感に浸るのもよいだろう。しかし、しかしである。それをいつまでも続けていることができるだろうか。サラリーマンは決められた時間に出社して、与えられた仕事をし、決められた時間に退社する。多少のずれがあろうと、給与は支払われる。

しかし、開業者はどうだろう。寝ててお金が稼げるなら社会保険労務士はやっていない。寝ているだけでは何も生み出されないのだ。そう考えると、優雅に過ごしている暇はないはずである。新規開拓を始めとした営業から、社会保険労務士としての実務、金銭面を含めた事務所の経営すべて誰の責任でもなく、自分でやっていかなければならないのだ。一人というのはそういうことである。他の誰かに相談することはできても、決断して実行するのは自分しかいないのだ。「自分で決めるのはメンドクサイなー」と思うのであれば、ずっとサラリーマンをやっていた方が良いだろうし、もしかしたらその方がその人にとっては幸せかもしれない。一人というのは楽しくもあり、辛くもあるのだ。

▼社会保険労務士の仲間を作る!?

開業すると、そんな淋しい一人の状況でずっといなくてはならないのか？　答えはノーである。仲間を作るのだ。とはいっても、ロールプレイングゲームのように道を歩いていると勝手に遭遇するようなものでもない。仲間を作ろうと思ったら、自分から動かなければならないのだ。

ではどこに行けば仲間ができるのか。そもそも仲間とはなんなのか。ここでいう仲間とは単なる「友達」ではない。境遇を同じくしていて、お互いを理解できる相手のことだと筆者は思っている。社会保険労務士にとっての仲間というのはどんな人たちなのだろう？

社会保険労務士として一番身近な仲間と言えば、やはり同業の社会保険労務士であろう。

「え、商売敵じゃないの？」

と思われるかもしれない。確かに、狭いところではそういうこともあるだろう。ある会社が業務を委託しようとして、複数の社会保険労務士に同時に見積を依頼するケースはよくある。その場合、見積り依頼を受けた社会保険労務士同士は間違いなく商売敵である。それはビジネスとして当然のことであるし、だから我々は日頃から業務に精通し、効率よく処理できるようにして、常に顧客の依頼に応えられるよう備えていなければならないのである。

そもそも我々の仕事は差別化が難しい分野である。殊に手続き業務に関しては、その性質上どの社会保険労務士に頼んだとしても帰ってくる結果は同じでなければおかしいのだ。

例えば、退職したA元社員の離職票の作成と発行の手続きをB社会保険労務士に頼んだ場合とC社会保険労務士に頼んだ場合とで、のちにA元社員が受給する基本手当（俗にいう失業保険）の金額が違っているなんてことはありえないからである。

それでは、その商売敵とは「口も利かない」仲でよいのか、というとそうではない。商売敵であると同時に同業者という仲間なのである。どういうことか。我々社会保険労務士は、法律によってその「資格」というものが担保されている。独占業務、つまり社会保険労務士でなければ扱えない業務もあり、法律が一つ変わることで、我々の業務が大きく変わることだってあるし、極端な話、社会保険労務士という資格自体がなくなってしまうことさえありうるのである。

特定の社会保険労務士の行いをもって「社会保険労務士はダメだ」と思われぬよう、我々は社会保険労務士として一人ひとりが研鑽を積み、能力を上げていくとともに、社会保険労務士業界一丸となってもっと広く国民にPRしていく必要があるのである。そんなときに「どうせ商売敵だから」と言っている場合ではないのである。

社会保険労務士の仲間を作るには、

①所属支部の活動に参加する
②社会保険労務士のコミュニティに入る

などの方法がある。

①所属支部の活動に参加する

一般的に開業するとその所属支部の支部長に挨拶に行くことになる。その際に支部活動について聞いてみると良いだろう。

支部の活動としては、研修や広報、厚生などありそれぞれ「委員会」として行われている。もちろん、支部によって活動が盛んであるところとそうでないところがあるが、活動に参加してもらえるというのは歓迎される。

当然全員が社会保険労務士である。しかしそれぞれ年齢もキャリアも考え方も違う人たちと関わり、話を聞くことができ、人の経験を疑似体験することができる。自身の社会保険労務士活動に対する影響が大きいこと請け合いである。もちろん、どう生かすかは自分次第であるが。

②社会保険労務士のコミュニティに入る

地域にとどまらず社会保険労務士や企業が主催しているコミュニティもある。最近ではフェイスブックなどSNS（ソーシャル・ネットワーキング・サービス）上にも存在している。

会費も無料・有料などさまざまな形があるが、それぞれに目的や利用できるサービスなども異なっているため、確認の上参加してみるのも良いだろう。インターネット上に掲示板を持ち、業務上の処理の方法や法律の解釈、

●社会保険労務士会支部活動の組織

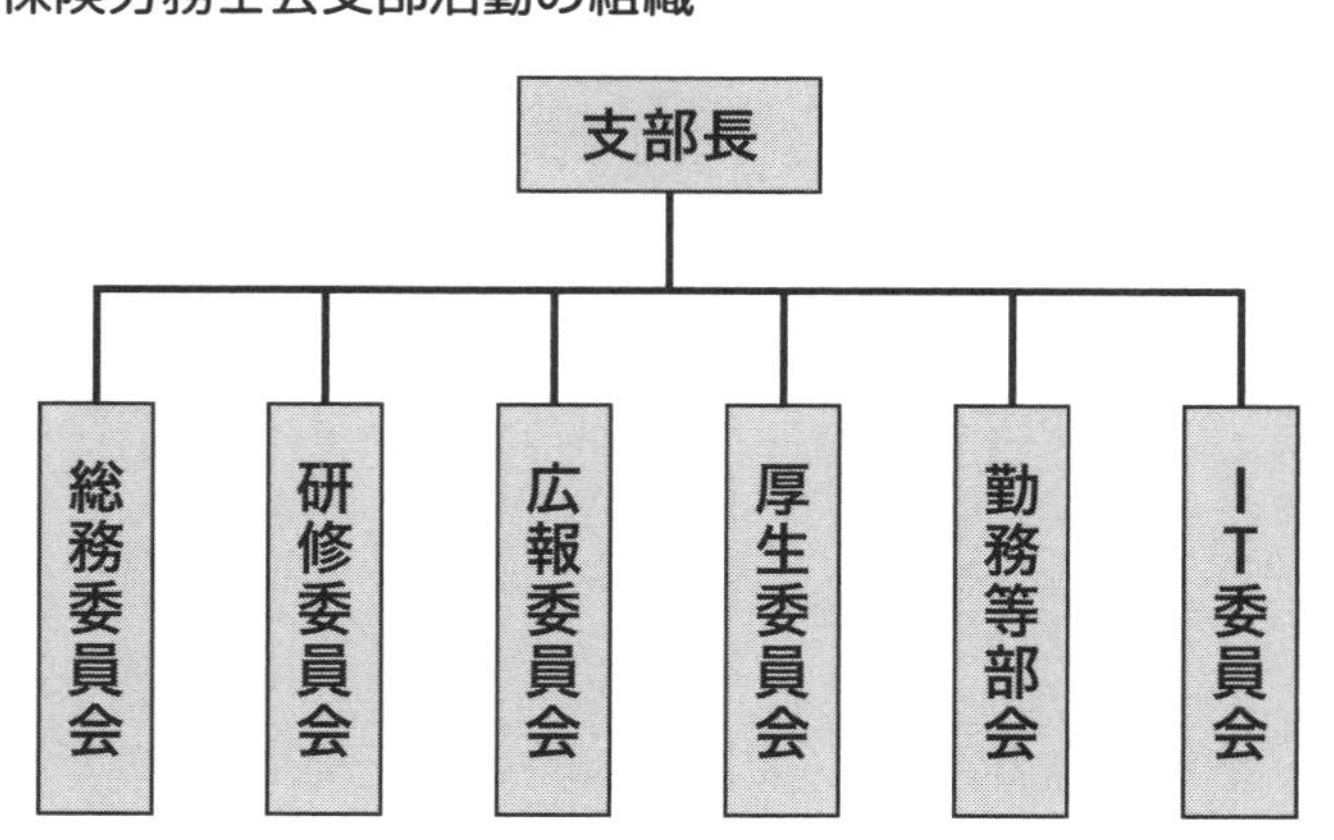

※委員会の構成は支部によって異なります。

都道府県ごとの取り扱いについての情報交換などが行われていたりする。会合（オフ会）なども行われており、そうした付き合いの中で相性の合う人とつながることもできるだろう。

このように、社会保険労務士の仲間を作ることで、社会保険労務士としての自分の世界が広がっていく。それぞれが一匹狼とはいえ、一人でできることには限りがある。一人でやるよりは連携・分担しながら進めた方が効率は上がり、その結果一人ずつでやる以上の効果を得ることができるのは、世の中にこれだけ会社（company）があることを考えれば明白である。

自分が悩んでいることを他の人も悩んでいるかもしれない。もしかしたらその悩みを解決できた人もいるかもしれない。

情報を共有しあって、自分の社会保険労務士としての価値を高めることもできる。もちろん、利益を得ることばかり考えるのではなく、自分が持つ情報を独り占めせず積極的にシェアすることも必要である。まさに「困ったときはお互い様」である。昨今は利益を享受する側が言うことも多いようだが、人にクレクレ言うだけでは人は離れていくだけである。

▼社会保険労務士以外の仲間を作る

他業種の仲間を作るというのは、他士業という場合もあるだろうし、士業ではない別の業種・職種ということもある。そういった仲間を作ることにどんな意味があるだろう。「自分の仕事に直接関係ないのだから、意味がないのでは？」と思われるかもしれない。しかし私はぜひお勧めしたい。なぜなら、それは自分の幅を広げるということにつながるからである。

読者のみなさんがこれから別の仕事に就くとしたらどうするだろうか。

昔なりたかったあの職業？　今流行と言われているあの職業？　一番稼げると言われているる職業だったりするのだろうか。複数あったとしても、それを自分ですべて試すことはできないだろうし、もしできたとして、「思ったのとは違った」場合はどうするのか。今みなさんがその職業に就いているのは、自分自身の決断の結果なのだろう。その決断にもそれぞれの理由があったに違いないが、その結果、今はまたそれなりの見方、思いがあるに違いない。他業種の仲間を作るということで、それぞれの業界の動きを知ることもできるし、業種職種は違えど、そのノウハウを自分の仕事にも生かすことができるのである。特に社会保険労務士のような仕事の場合、手続きなどのルーチンワークも多く業務が閉鎖的になりかねない。他業種の人と付き合うことで刺激を受け、自分の業務にも生かしていくのである。

ここまで話しても「業務も違うのに、仲間になりうるのか」と思われるかもしれない。しかし、開業社会保険労務士となったいま、社会保険労務士の業務だけやっていては仕事にならないのである。それはどういうことか？

我々は社会保険労務士として、多くは事業主から依頼を受けて業務を行っている。もちろんその業務の内容は社会保険労務士法を持ち出すまでもなく労働社会保険法令に基づく手続き書類の作成・届出や、労務相談、就業規則の作成・変更などが主なものであろう。しかしその事業運営において事業主の頭を悩ませるのは、何も社会保険労務士の業務範囲のものだけではない。業務範囲で言うならば弁護士や司法書士、弁理士など他の士業の範疇のものも出てくる。

事業主と話をしていて「今こんなことで困っている」という相談とも世間話ともつかない話をされたときに、社会保険労務士である自分はどうするべきか。内容的には、明らかに自分の守備範囲でなく、知識もほとんどない。なので、「社長、それは大変ですね……」で終わってしまったらそれまでである。

しかしそこで「その辺の事情に詳しい人を知っているから、話だけでも聞いてみますか？ご紹介しますよ」と言えたとしたらどうだろう。

もちろん、事案によっては100%の解決は難しいかもしれないし、そもそも専門家に依頼できない段階のものかもしれない。でも「大変ですね……」と他人事で終わらせるのではなく、解決につながりそうな方策を提示したことで事業主は「困ったら親身になってくれる」と思ってもらえるのではないだろうか。また何かあったら相談してもらえることになり、それはつまり、信頼してくれていることに他ならない。

実際にこんなことがあった。

顧問先の会社の社長と世間話をしていたら、自宅と隣家の間の境界のことでもめているという話が出た。日頃家にいない社長としてはなんとなく軽く考えていたが奥さんが何とかしろといつもうるさい、と。

私はそこで事業主交流会で親しくしていた土地家屋調査士を紹介したのである。経験豊富なその土地家屋調査士は、ユーモアを交えながら境界をきちんとすることの意味を社長に説明し、社長は業務を依頼、諸々の処理を経てその社長の自宅の土地問題は解決し、結果社長が文句を言われることもなくなった。

この話、登場人物みんなが笑顔になった話である。問題が解決した結果、自宅にいた社長の奥さんの悩みは消え、社長は文句を言われなくなり、紹介した土地家屋調査士には仕事の依頼が入り、紹介した私は社長から「紹介してもらって助かった」と感謝されたのである。

これは士業の範疇だけではなく、他の業種にも当てはまる。それに、会社だけのことではない。事業主も社長である前に一人の人間である。家に帰れば、配偶者や子供もいて個人としての生活がある。日常の生活の中で、即解決に動くほどでもないが気になる困り事はたくさんある。

多くは、解決に手間や費用がかかるとか、解決する方法を知らず、またそれを調べるのも面倒だ、というものである。

手間や費用の問題は、最終的に本人に決めてもらうしかないが、解決策を提示できる人物から気楽に話が聞ける、としたらどうだろうか。会社を経営する忙しい事業主が自ら調べたり、手続きに動き回ったりするのは非常にロスが多いし、優先順位も低くなりがちである。でも心の中で日々「どうしたらよいのか……」と小骨が刺さったような気持ちでいるのだ。その解決を手伝うことも、社会保険労務士の仕事のひとつであると、筆者は思っている。

顧問先事業主の順調な事業の運営のために、自分の業務範囲以外の問題も解決を手伝うことが、結果として自分の仕事にも返ってくるのである。

資格にお客はついてこない

看板さえ出せばお客が来る時代は終わった？

▼営業、するの？

社会保険労務士の資格を取ると考えたとき、「とにかく資格を取らなきゃ話にならないな」とは思ったものの、「どうやってお客をつかむのか」についてはまったくと言ってよいほど考えなかった。

意識もしていなかったが「資格を取って看板出したらお客が訪ねてくる」くらいに捉えていたことは、恥ずかしながら否定できない。

でもこれ、多くの資格取得者が陥るものではないのだろうか。とにかく試験に受かることに必死で、受かれば何か変わるに違いないと思っていて、合格したら嬉しくて、で実際に開業したところでお客来ないから仕事もない……。

そうなのだ。

社会保険労務士として業務を行うには、資格を持っていなければ話にならないけれど、資格を取ることは特別ではなく当たり前で、商売敵はみんな同じ資格を持っていて、むしろ経験や知識が少ないだけこっちが不利なのである。それなのに開業する今の今まで営業のことなんか何も考えてなかった、なんて私みたいな人がいないことを祈るのみであるが、実際は軽く考えがちな部分であることも確かである。

資格を持たない一般の人たちにとって、国家資格というバックボーンを持つ士業という存在は、「業務を依頼する相手」としてはやはり特別なのだろうと思う。

●社会保険労務士の仕事の流れ

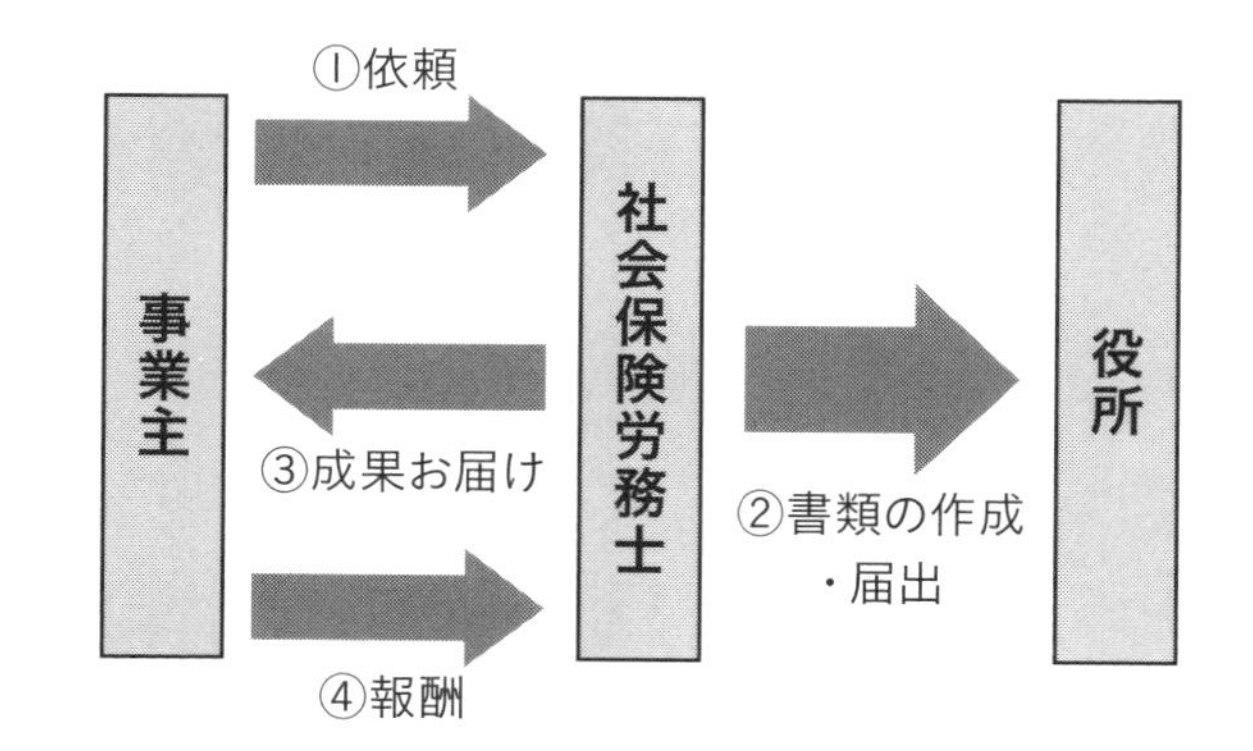

しかしその内実を見れば「全部が特別」ではないのである。社会人になってから資格を取る人が多い社会保険労務士という資格の性質から考えれば、そもそも所属していた業種や職種の経験があり、そして社会保険労務士になってからの経験、知識も違ってくる。それをどのようにPRするのか。これを考えておかなくては仕事はいつまでたっても取れないし、したがって経験を積むこともできないのである。

▼顧客を追いかけるのか、呼び込むのか…営業はニガテです

「営業」と聞くと、「なんだか売り込まなきゃいけない気がして」「いらないかもしれないのに」どうも尻込みしてしまう、という人もいるようだ。どうやら押し売りみたいなのをイメージして、さらに「断られるとプライドが……」みたいな意識も働くようである。筆者自身、大学を卒業し営業職として入社したので、そこまでのイメージはないが、得意だと自信を持って答えられるほどのものではない。

それではどうすればよいのだろう。会社を一軒ずつ訪ねて歩く飛び込み営業か。それともダイレクトメール…？

いろいろな方法があるだろうが、こんな話を聞いたことがある。ある地方で、開業した社会保険労務士が支部長に挨拶に行った。そこで支部長に言われたのが「営業に飛び込んだ会社が、もし社会保険労務士に委託しているところだったら名刺を返してもらうように」「ある社会保険労務士がダイレクトメールを送ったら、『うちの顧問先にこんなもの送りつけるな』と怒鳴り込まれた」など…。

又聞きの又聞きみたいな話なので、真偽のほどは定かではないが、パイの少ない地方などでは「さもありなん」と思わされた話である。

そもそもは自由競争の世界で行われることなのだから文句を言われる筋合いはないはずだ。だが、飛び込み営業やダイレクトメールという「千三つ」といわれるあまり効率的ではない手法が原因で地元の業界内で揉めるのもあまり得策ではない気もする。これについてはいろいろな考え方があるだろうし、試行錯誤も必要だろう。

▼顧客を呼び込むには？　ホームページだけでお客が取れる？

さて、ではどうすればよいのだろう。自分自身に置き換えてみたときにどうするか。やはり、まずはインターネットで検索するだろう。「社会保険労務士」とそのものの場合もあれば、「社会保険手続き」や「就業規則」「労務相談」など。その上さらに「地域」や「〇〇業専門」なんてワードを入れることも。しかし通販サイトと異なり、「これにしよう」と思ったところでいきなり購入ボタンをクリックする、ということにはならないのが社会保険労務士のサービスである。最終的にはメールや電話をいかにして受け、接触の機会を持てるかがポイントとなるのだ。

また昨今はSNS（ソーシャル・ネットワーク・サービス）の活用も有効とされる。

これはなにも社会保険労務士に限った話ではなく、士業に共通する話ではないだろうか。なにせ「社会保険労務士　東京」と検索すると768万件の検索結果が出るのである。

地域によってバラツキがあるとはいえ、この中に入って自分のホームページを見つけてもらうようにするのはかなり難しい気がする。実際どうしたらよいのかは、それを専門でやっている人がいるので、そういった人たちの手を借りながら（もちろん有料だが）進めていくのが良いだろう。結局はお金をかけるか、手間をかけるかしかないのであるが。

結局大事なことは顧客との関係

ヒトの専門家である社会保険労務士が人間関係に悩む

▼顧客との最初の関係作りは重要！

そもそも社会保険労務士の営業は「買ってください」と言えない職業のひとつではある。世に営業の手法は数あれど、社会保険労務士の営業は売れればそれでOKというものではないし、「お願いします！」と頭を下げて契約してもらったとして、その後のお付き合いにそのまま直結してしまうのである。

どういうことか。社会保険労務士には手続業務の他に労務相談やコンサルティングの業務がある。法律に照らして事業主が法令を遵守できていなかったような場合、顧客である事業主に対して厳しいことも言わなければならなくなることもある。

最初の契約のときに「何とかご契約をお願いします！」みたいなことを社会保険労務士が言ったというようなやり取りがあった場合、事業主側からすると「契約してやるか」という意識になる。これでいざというときに事業主に対して法律を守るように促して、素直に受け取ってくれるだろうか。

「契約してやってるのに余計なことを……」

というようなことになると、社会保険労務士側としてはあくまでも「会社のために」やっていることがその真意が汲み取られず事業主側からすると、「余計なお世話」とか「うるさい」なんてことになってしまいかねない。何事も最初が肝心、というが最初の関係性作りはとても大事なことなのだ。

「先生」と呼ばれて

顧客との関係作り、どうすればよいのだろうか?

「先生」と呼ばれるように、エラソーにすればよいのか? むしろバカにされるだけである。

そもそも「先生」という言葉は無難な言葉で、銀座に行けば「社長」と「先生」ばかりと言われる。実際そう呼ばれることで喜ぶ人もいるし、少なくとも気を悪くすることはないからだろうが、あまりに安易に呼ばれると、むしろバカにされている気がしてしまう。「ハイハイ、あんたはそうやって呼んでおけばいいでしょ」と思われているような……これはこれで被害妄想か。場合によっては相当年上の事業主さんから「先生」と呼ばれ恐縮してしまうこともあるが、そんなときにはいつも「自分にそう呼ばれるだけの本当の価値があるか?」と自問している。

顧客との付き合い方には3つのタイプがあると思う。私の先輩はそれを、

①「先生」スタンス
②「同僚」スタンス
③「下僕」スタンス

と呼んでいた。どういうことかというと、①は「俺について来い！」と先導していくタイプである。見方によっては偉そうに見えてしまいかねないが、顧客としても「この人の言うとおりにしていれば間違いは起こらない」と絶大な信頼を持っている。反面、一から十まで指導していかなければならないので社会保険労務士本人の経験や顧客をコントロールする能力が必要となる。

そして、②は「私が横についていますから、一緒にがんばっていきましょうね」というタイプである。もちろんその過程では、「この先にはこんなことがありますから、このポイントを注意していきましょう」というような先回りしたアドバイスも行うが、基本的に仲間のようなスタンスで接するのである。

最後に③で、これは顧客に言われるがままに動く、という意味で言葉は悪いが「下僕」と表現したのである。このスタンスは間違えると雑用係となってしまう危険性をはらんでいる。

顧客の望みに応えるのも社会保険労務士の仕事の一部ではある。しかし当たり前だがそれは「言われたことはなんでもやります」ということではない。

会社の中では、その組織全体に関する業務をはじめとして、営業や製造、商品開発などの部署から漏れた受け持ちのはっきりしない業務は「総務」部門が受け持つことが多い。

社会保険労務士は、その中でも組織全体に関わる業務である手続きや業務を請け負い、報酬を得ているが、会社に関する業務なら何でもやるのかといえば、そういうことではない。

最初の契約の中でその業務範囲は決めているはずで、それを外れるものや、想定のボリュームを超えるものについては追加の報酬が発生するのが本来の考え方である。もちろんすべてを事前に想定できない場合もあるが。

顧問先が少なかったりすると、「これをやらないと顧問契約を切られてしまうのでは？」という恐怖心を覚えてしまうのも無理からぬことであるが、結果的にただ働きをしてしまってはその分他の顧問先の報酬を食いつぶしているだけなので、その他の顧問先にも悪い影響を及ぼしてしまうことになるのである。報酬を受けて仕事をするのがプロであり、報酬を受けずにやるならば、それはもうただのボランティアである。それでよいのだろうか？

また、業務量に見合わない不当に低い報酬で請け負っているということであれば、それは「ダンピング」に他ならない。そうなれば、「その先生はこんな安い金額でやってくれたよ」という話が広まることで、他の社会保険労務士にも影響が出る。企業努力による効率化によってコストが引き下げられた結果であればともかく、「自分の人件費報酬をただ削った」という結果であるならばいずれは自分の首を絞めることになるだけでなく、社会保険労務士の業界全体を貶めることになる。そうなってしまえば、やはりそれは「先生」でも「同僚」でもなく、「下僕」そのものではないだろうか。

自分がどんな風に仕事をしたかったのか、それを日々思い返しながら顧客と向かい合っていくことが必要であろう。

Column CASE 4

名刺の作り方

開業したら作るものの一つに「名刺」がある。勤務であれば勤務先から支給され、それを勝手に作り変えるわけにはいかないが、開業したとなればむしろ自分で作らなければならない。昔であればいわゆる「先生名刺」と呼ばれる「事務所名」「肩書き（資格）」「氏名」に「事務所の連絡先」が記され、事務所名の上には資格のバッジの箔押しがされていたりする。

しかし今ではずいぶんいろいろな名刺が作られるようになった。まず多いのは本人の写真が入った名刺である。異業種交流会に限らず、人と会ったときに渡す名刺は相手を目の前にしているときは文字の情報だけで問題ないのだが、たくさんの人と会ったときや、後日再び会うために待ち合わせる場合などは顔を忘れてしまっていることがある。そんなときに名刺に顔写真があると思い出してもらいやすいし、逆の立場から考えてもわかりやすいだろう。

この顔写真、通常はプロのカメラマンにとってもらうことが多い。プロのカメラマンに撮ってもらうと、そこはやはりさすがプロ！　である。高価な機種を使い、アングルやライティングの技術を駆使して撮影された写真は、「モデルか芸能人か！」と驚く仕上がりになる。場合によっては本人が「これ自分なのか？」と驚愕するようなものになったりもするのだが、実はこれが曲者である。本人を思い出したり、特定したりするための写真なのに実物と大きくかけ離れてしまうことがあるのだ。もちろん髪がボサボサ、肌もガサガサで良いわけはないが、名刺と本人を見比べたときに、

「あれ、ぜんぜん違う……」

と思われてしまってはむしろマイナスなのではないかと思う。せっかく写真を撮るのだから「カッコ良く」「美しく」したい気持ちもわかるがいわば「別人の写真」が出ていては却ってもったいないのでは、と思うのだ。

名刺には写真だけでなく、サービス内容や本人の理念などをキャッチフレーズにして記載することもある。名刺を「名前や連絡先を記したもの」にとどまらず「本人の性格や仕事をわかってもらうチラシ」にしてしまうもの

である。興味を引くフレーズやより多くの情報を載せることで、「名刺交換した際の話題作りに役立てる」狙いもある。

名刺交換するときは通常初対面なわけだから、いきなり話が盛り上がる話題があるわけではない。そこで名刺を使って話を盛り上げる→相手に自分を印象付ける→仕事に繋がる、ということを狙っているのだ。これは一定の意味はあると思うし、実際「売れる名刺を作ります！」というビジネスをしているコピーライターや印刷業者もいる。社会保険労務士の仕事も一般的には理解されていない部類に入るので、こういった工夫もある程度は必要であろう。

気をつけなければならないのは、情報を盛り込みすぎて何が書いてあるのかわからない名刺になってしまわないようにすることだ。どんなに有益な情報が載っていても、伝わらなかったらなんにもならないのである。

写真にしろ、記載内容にしろ、大事なことは「やりすぎに注意」ということだろう。

第5章

社会保険労務士のお仕事

[手続き・コンサルだけじゃない]

社会保険労務士がかかわる役所って?

手続き業務はキホンのキ。そこに関わる役所の存在

▼相手はお客だけではない

さて、社会保険労務士の実際の仕事について触れていこうと思う。社会保険労務士法上に定められている、いわゆる**独占業務**である労働社会保険の手続きに関する書類の作成、提出代行を行う上で対応する役所は基本的に3箇所(※1)となる。

それが、

- 労働基準監督署
- 公共職業安定所(ハローワーク)
- 日本年金機構(年金事務所)

である。

このうち、日本年金機構は2007年の社会保険庁改革に伴い2010年に設立された公法人であるため、国の委託を受けた民間事業者であるが、あえて役所と表現することにする。

作成した書類の提出先となるこれらの役所は、社会保険を構成する労働者災害補償保険(労災)・雇用保険・健康保険・厚生年金保険に対応し、それぞれの手続きごとに赴き、郵送、

※1 健康保険を管轄しているのが全国健康保険協会ではない場合、健康保険に関する届出は健康保険組合や国民健康保険組合などに、厚生年金保険に関する届出は年金事務所にと届出先が分かれることとなり、届出先が増えることになる。さらに、厚生年金基金に加入している場合は厚生年金基金にも届出が必要になるため、さらに増えることになる。

電子申請などの手段を用いて手続きを行う。特に最近では政府の方針によって電子申請が活用されていることもあり、実際に役所に行くことも少なくなってきているが、社会保険制度の窓口である役所との関わりは社会保険労務士にとって欠くことはできないので、触れていこうと思う。

15 労働基準監督署と社会保険労務士は切っても切れない関係！

労働者が駆け込む役所、その真実

▼労働者保護の砦　労働基準監督署

労働基準法その他労働者を保護する法律に基づいて事業場の監督や労働者災害補償保険（労災保険）の給付を行う機関である。

一般的に社会保険労務士が関わるのは労働基準法に関する業務を担う部署である「監督・方面」、労災保険の給付などを行う「労災課」、職場の安全や健康診断に関して監督する「安全衛生課」の3つがあり、地域によって部門が一緒になったりしている場合がある。

この労働基準監督署、社会保険労務士が関わる役所の中ではある意味異質な役所である。ポイントは労働基準監督署の「署」の字である。他の公共職業安定所、年金事務所の「所」と違っているのには訳がある。労働基準監督署には「労働基準監督官」が置かれている。労働基準監督官は事業場、寄宿舎その他の附属建設物に臨検し、帳簿及び書類の提出を求め、又は使用者若しくは労働者に対して尋問を行うことができる。そして、労働基準法違反の罪について刑事訴訟法に規定する司法警察官の職務を行う。つまり、逮捕権を持っているということである。

企業の経営者などが労働基準法で送検された、といったニュースが年に数回流れるのを目にすることがあるが、その企業経営者を「捕まえた」のはいわゆる「お巡りさん（警察署の警察官）」ではなく「労働基準監督官」なのである。

取締り・逮捕権限を持つ役所ということで「監督所」ではなく「監督署」となっているのである。「警察署」や「消防署」、「税務署」を思い浮かべてもらうとイメージがしやすいと思うが、そう考えると近寄りがたい雰囲気を感じるかもしれない。しかし、社会保険労務士であるならば、この役所とお近づきにならなければ仕事にならないのである。

●労働基準監督署の窓口

窓口	内容
監督・方面	労働基準監督署の内部組織は、労働基準法などの関係法令に関する各種届出の受付や、相談対応、監督指導を行う。
安全衛生課	事業主が働く人たちの安全管理を適正に行っているかを監督する。
労災課	労働者災害補償保険（略して「労災保険」）加入に関する処理や、実際に労災事故が起こったときの対応などを行う。

▼労働基準法の見張り役　監督・方面

社会保険労務士の業務である就業規則の作成や変更、労使協定の届出など、労働基準法に基づく事務を行っているのがこの「監督・方面」という部門である。こちらから出向くだけでなく、事業場に赴いての調査も行っており、労働者を雇用する事業主にとってはある意味こわい存在ともいえる。しかし、労働基準法を遵守するために事業主からの相談に応じてもくれるので、取り締まりだけやっているわけではないのだ。

警察署に「人の物を盗んでしまいそうなのですが、どうしたらよいでしょうか？」と相談に行くというようなことを普通はしないと思うが、労働基準監督署では「社内でこのような働き方をさせたいと思うが、制度として問題ないだろうか？」という相談に応じてくれ、その結果「この状態では労働基準法違反になりかねませんよ」と注意をくれたりするのだ。もちろん、合法になるための制度設計までやってもらえるわけではなく、あくまで質問、相談という形ではあるが（それをやるのが社会保険労務士の役目である）。

よって、我々社会保険労務士も顧問先企業の制度設計などを行う中で疑問点が出た場合、労働基準監督署に質問して確認したりすることがある。その際に指摘されるポイントは後の調査などの際に非常にも参考になるのだ。

・定期監査、申告監査

質問やら確認やらで助けてもらうこともある労働基準監督署も、顧問先に調査に来るとなればたちまち本来の「恐い役所」に早変わりする。

ただ、この「恐い」もどんなことを聞かれ、何を見に来るのか、そしてどんな改善点を指摘されるのかがわからないから恐いのであって、調査がどんな目的で行われているか、その後こちらがどのような対応をすることになるのかを理解していれば無闇に恐がる必要はないのである。

労働基準監督署の調査で一番多いのが「定期監督」である。労働基準監督署が個々に管轄内の事業所を選定し、調査を行うのだ。これは、事前に事業所に調査を行う旨の通知が届き、指定どおりに労働基準監督署に資料などを持って出頭、または労働基準監督官が事業所に訪問して行われる。

これに対して申告監査は、在職または退職した労働者（従業員）からの通報の結果があった場合（いわゆる「駆け込み」）に行われる調査で、ターゲットが決まっている調査であるといえるだろう。ただ通報した労働者を保護するため、調査が行われる際には「申告監査」であると告げられることはない。定期監査であるかのように来訪し、調査を行うのだが、もし直近で残業代や解雇予告手当の不払いなど思い当たる節があるならば、申告監査だと思った方が良いだろう。いずれにしても事業主としては不安を覚えるため、社会保険労務士に立会いを求めることが多い。

▼労働者が健やかに働くために　安全衛生課

人々が働く場所は様々で、エアコンの効いたオフィスだけが職場というわけではない。農林漁業や建設業など常に屋外で働く人、大きな機械が絶えず稼動している工場で作業したり、営業のため一日中外を歩き回る人もいる。働く環境は季節や天候によっても変わり、暑さ寒さだけでなく危険度までも変わってくる。人を雇用して労働させている事業主はその環境に応じて働く人たちの安全も管理しなければならないのだ。それが適正に行われているかを監督するのが安全衛生課という部門である。我々社会保険労務士は、事業所や労働者を知る立場の者として、法定の手続を代行したり、役所からの問い合わせに対応することとなる。

▼労働者を保険でサポート　労災課

なんだか、生命保険会社のキャッチフレーズのようになってしまったが、労働者災害補償保険、略して「労災保険」を取り扱うのがこの部門である。個人事業主や会社が、人を一日でも雇えば労災保険への加入を義務付けられる。民間の保険であれば、事前に契約して保険料を支払わなければ保険は「効かない」ことになるが、国の保険である労災保険は「Aさんという人がいつ働きます」という事前の届出が必須というものではない。まずは「人をこれから雇用しますよ」もしくは「直近で雇用しましたよ」と届出をし、一定の保険料を前払いするのである。年度の途中で雇用する人数が増えても減っても確定精算は年度ごとに行い、毎年繰り返していくのだ。そういった届出に関する処理や、実際に労災事故が起こったときに対応するのが、労災課なのである。

◉「労災」あれこれ

読者の方は「労災事故」と聞いて何を思い浮かべるであろうか。故意でやったことではないから「事故」なのであろうが、仕事には多かれ少なかれ、危険が伴うものである。が、仕事中のことなら何でもかんでも労災保険で補償がされるわけではないのである。

労災保険が補償するのは「業務災害」と「通勤災害（※1）」とされている。「業務災害」とは、労働者が労働契約に基づいて使用者の支配下において労働を提供する過程で、業務に起因して発生した災害、ということになっている。仕事中に同僚とふざけあっている最中に転んでケガをしたようなものは認められない場合が多いし、定規とカッターを使って紙を切っている最中に、定規からはみ出した指を誤って切ってしまったというような、本人の不注意によるケガであっても認められたりする。前者の場合は、仕事中とはいえ実際は業務と関係なくふざけた結果ケガをしたもので、業務災害の認定要件となる業務遂行性に欠けてしまう。後者は、他の要素がない限り業務遂行性も業務起因性も認められるため基本的には業務災害と認定される。ケガをした従業員の側からすると、不注意でケガをしてしまった、周りを騒がせてしまったという恥ずかしさ、申し訳なさから「たいしたことないので」と自費で病院にかかってしまったりすることがある。事業主の方も自分の懐が痛むわけではないのでそのままにしてしまうこともあるようだし、場合によっては「それは自分の不注意が原因なのだから自分でなんとかしろ」というようなこともあると聞く。しかしながらこれは大きな間違いである。

そもそも業務災害は事業主が従業員を雇用して事業を行い、その結果起こった事故である。たとえ本人の不注意が原因であったとしても、注意をもって行うように教育するのが事業主の務めでもあるし、そもそも人間は完璧ではないので、間違えることもある。「そこまで面倒見なければならないのか」と思われるかもしれないが、「人を使って事業を行う」とはそういう

※1　労働者が通勤によって被った負傷、疾病または死亡のこと。

ことなのだ。人を雇ったら「給料さえ払えばいい」ものではなく、その人と、その人の家族の生活、人生を背負うことにもなるのだ。仕事中のケガが原因で、その後働くことができなくなったら目の前が真っ暗になるだろう。そうならないように、労災保険というものがあるのだ。こういったことを事業主に理解してもらうことも、社会保険労務士の役目なのだ。

16 ハローワークと社会保険労務士

仕事を探すだけじゃない!! 身近にある役所のその中身

▼仕事を探すだけ？ ハローワーク（公共職業安定所）

法律上の正式名称は公共職業安定所である。略称として職安（しょくあん）と呼んでいたが、最近は当の役所自身が愛称として「ハローワーク」を用いている。「職業安定所」の持つイメージを変えるため30年ほど前から用いられ、ホームページなどでは公共職業安定所という文字を目にすることはほとんどない。本書でもこのあとはハローワークで統一するが、このハローワーク、単に仕事探しをする場所というだけではない。

ハローワークの役割はズバリ「雇用の安定」である。

仕事を探している人と働く人を探している会社の需給をマッチングさせるというだけではないのである。そのため人の雇用に携わる社会保険労務士も、当然深く関わることとなるのである。

どの窓口に行く？

ハローワークに行く多くの人は会社を退職した際に求職者として失業等給付（基本手当）受給の手続きのため訪れることだろう。しかしハローワークの役割は、タダの「職業紹介所」ではないのである。事業主として行くことになれば、様々な部分でハローワークと関わることとなる。

入社、退社の手続き
適用・得喪課

まずはこの言葉、あまり耳慣れない言葉かもしれない。「適用」は「保険が適用される」という言葉が使われるので、聞いたことがある人もいるかもしれないが、「得喪」？　パソコンの文字変換でも一発では出てこないだろう。これは被保険者資格の「**取得・喪失**」の

●ハローワークの窓口（公共職業安定所）

窓口	内容
適用・得喪	新入社員の資格取得（加入）、退職社員の資格喪失（脱退）など、従業員の入退社に伴って発生する手続きのほとんどはこの窓口で行う。
雇用継続	「高年齢雇用継続給付」、「育児休業給付」、「介護休業給付」に関する事務を行う。
助成金	最終的な給付の決定ではなく、助成金の申請手続き書類などの形式を審査する窓口。
求人	日本最大の職業紹介所、ハローワークの代表的な業務を行う。
雇用指導	高年齢者の継続雇用や障害者雇用の義務を満たしているか等の管理・指導を行う。
失業給付・求職	一般の人が勤め先を退職して、失業給付を受給する際に必要な手続き等を行う窓口。

略語であり、要は雇用保険への「加入・脱退」を意味するものである。

従業員を雇い、雇用保険加入要件を満たす場合はその従業員の加入に当たり、まずは会社として「うちの会社で雇用保険に加入する人を雇うことになりましたよ」という届出が必要になるのである。引き続いて新入社員の資格取得（加入）、退職社員の資格喪失（脱退）など、従業員個々の手続きが発生する。従業員の入退社に伴って発生する手続きのほとんどはこの窓口で行うことになる。この窓口は月初の入社と月末での退職者の手続きが重なる関係で、月初に混雑する傾向がある。ちなみにハローワークによって「一般事業主向け」と「社会保険労務士、労働保険事務組合（※1）向け」に別に窓口が設けられていたりもする。社会保険労務士として、最も多く訪れる窓口がこの適用・得喪の窓口だろう。

▼従業員が給付を受ける手続き　雇用継続課

ハローワークは失業給付とそのための雇用保険の入出だけを扱っているわけではない。「退職して仕事を探している人に新たな就職先を紹介する」ことのみで雇用の安定は図れない。「仕事を辞めずに続けられるようにする」という施策も必要なのだ。この窓口では、60歳以上の高年齢者が一定の条件で雇用している場合に給付される「高年齢雇用継続給付」や育児や介護に関する休業を取得した場合に受けられる「育児休業給付」、「介護休業給付」に関する事務を行っている。

これらの給付は被保険者本人に対してその所得補償として金銭が給付されるものであるが、まずは初回にその給付額を決定するための手続きが必要となる。その上で申請対象期間

※1　事業主の委託を受けて、事業主が行うべき労働保険の事務を処理することについて、厚生労働大臣の認可を受けた中小事業主等の団体。加入することで、事業主は労働保険料を分割で納付したり、事業主自身が労災保険に加入することができる。

中の出勤や支払賃金の有無、その金額に対して出勤簿や賃金台帳を通じた確認が行われるため、手続きに関して一定の時間を要する。申請の対象となる期間は2ヶ月ごとに設定されているため、そのたびに手続きを行わなければならないのだが、前記の得喪手続き時に一緒に行うことが多いせいか、こちらの窓口も月初に混雑することが多い。こちらの窓口は一般企業も社会保険労務士も窓口は一緒であるため、申請が集中する月初は会社の担当者と社会保険労務士で混み合うことが多い。

事業主への給付　助成金係

助成金。企業にとってはなんだか甘く響くであろうこの「助成金」を扱っているのがこの窓口である。しかし、内容を審査して最終的な給付の決定を行っているのは各都道府県に設置されている「労働局」なので、この窓口は書類などの形式を審査するためのものである。

助成金はその性質上、申請期限の多くが月末に設定されることが多いため、月末になるほど混雑する傾向にある。また助成金は予算の関係から年度末で申請自体が打ち切られる場合も多いため、年度末である3月は朝から行列ができることもある。3月、朝8時半前からハローワーク前に開庁待ちの列ができている場合、それは助成金の申請手続きを行う人であることが多いのだ。助成金を専門で扱う社会保険労務士などは頻繁に訪れるため、「顔」になっている場合も多い。

人を雇いたいなら　求人係

日本最大の職業紹介所、ハローワークの代表的な業務を行う求人係である。地元地域だけでなく日本全国を対象に募集をかけることができ、かつ無料ということで人材を募集しようにも「一般の求人広告はお金がかかる…」としり込みする事業主にとってはありがたい存在であろう。現在ではインターネットでも検索できるようになっており、求職者個人として利用したことがある人もいるのではないだろうか。平成26年には民間事業者との求人、求職情報の順次相互開放も打ち出されており、政府としてもハローワークを労働市場の中核に位置づけようとする動きがある。この窓口では、新規学卒、中途採用の求人申込みやその相談を受け付けている。「そもそも人ってどうやって募集したらよいのだろう?」といった相談にも乗ってくれるのだ。経費をかけずに人材を雇用したいと考える事業主に対して我々もお勧めすることが多い。

▼高齢者や障害者の雇用に　雇用指導部門

事業を行っている個人や会社は、一定の規模になれば社会的な存在となり義務を負うことになる。社会的弱者と呼ばれる高年齢者や障害者の雇用機会を作ることもその一つである。高年齢者については65歳までの継続雇用が義務付けられているし、障害者については障害者雇用率というものが定められ、一般的な企業であれば常用労働者50名に対して障害者を1名雇用することが求められる。この障害者雇用率を満たしているか、管轄の事業を管理しているのがこの部門である。

雇用保険の適用を受けている事業主は、毎年6月1日現在の高年齢者、障害者の雇用状況を書面で報告することになっている。この中で雇い入れや退職の人数や状況を報告するのだが、特に障害者の雇用率はその企業の状況により雇い入れることができなかったり、すぐに退職してしまったりでなかなか改善しないことがある。そういった場合に個別に指導を行うのだ。もちろん、高年齢者や障害者の雇い入れに関する相談にも応じており、事業が一定の規模になった場合は相談するのもよいだろう。社会保険労務士として事業主から相談されることも多いため、この部門で情報を仕入れることもある。

失業給付を受ける個人の窓口　給付部門

一般の人がハローワークに関わる場合は、この部門である事がほとんどだろう。勤め先を退職して、離職票が送られて来たらまず来る場所である。ここで「退職しました。働く気持ちも能力もあるので、仕事探します」と宣言することで（実際に宣言するわけではないが）失業給付を受給する手続きに入るのである。

労働基準監督署、ハローワークの兄貴分　各都道府県労働局

先に挙げた労働基準監督署やハローワークは、その上位組織として「労働局」が各都道府県ごとに設置され、統括して管理をしている。

一般的な手続きなどについては、その事業所を管轄している各労働基準監督署やハローワークで直接相談や手続きを行うのが通常であるが、事業所が複数あって管轄地域が異なった

りするような場合で各所で調整が必要になるケースがある。また、監督・方面などに相談をすると労基法上の判断などについてニュアンスが少し違った答えが返ってくることがある。そういった場合に上位組織である労働局に相談し、手続きの交通整理をお願いしたり、行政としての法律の見解を求めたりするのだ。

あまりないことではあるが、それでも整理がつかない場合はさらに上位である厚生労働省の「労働局」に確認を取ることもある。こちらは差し詰め「親分」であろうか。

17 日本年金機構（年金事務所）と社会保険労務士

「民間」になって、何が変わった？

▼元「社会保険事務所」です　年金事務所

2010年にこの名称になる前は「社会保険事務所」という名称だった。自分が「社会保険労務士です」と名乗ると「社会保険事務所にお勤めですか？」とよく尋ねられたものだが、国の機関であった社会保険庁が解体され、特殊法人である日本年金機構が公的年金部門を担うこととなり、その窓口機関として設置されている。我々社会保険労務士が年金事務所と関わるのは、おもに健康保険、厚生年金に関する手続きを行う場合である。

社会保険加入を司る適用調査課、適用課

健康保険、厚生年金にまず事業所として加入する場合に一番先に訪れるのがこの部門である。社会保険への加入に際して、また社会保険に加入している適用事業所に対する調査等に関する業務を行っているため、加入要件に関する問い合わせや相談にも対応する。社会保険の加入については、よく「うちの会社は従業員5人未満だから加入しなくてもいいんだよね」といったような質問か相談か確認かわからない言葉をかけられることがあるが、ここには大きな誤解が潜んでいるのだ。

まず「うちの会社」といった時点で一般的には法人を指していると思われるのだが、法人である場合は1名から加入する義務が生じる。だから、個人事業主が従業員ゼロで法人成りして、実際は個人で事業をやっているときと変わらないような状況であっても社会保険に加入しなけ

● 年金事務所の窓口

適用	健康保険や厚生年金等の社会保険への加入に際して、また社会保険に加入している適用事業所に対する調査等に関する業務を行う。
徴収（保険料）	健康保険や厚生年金等の社会保険への加入の際に必要な費用を納める窓口。
年金給付	通常年金事務所の1階にあり、個人の年金相談や年金裁定請求手続きを受け付けている。

ればならないのである（役員報酬が発生している場合）。

では「5人未満」という話はどこから出てきているのか？　これは個人事業の場合の話である。個人事業主が人を雇っている場合、その従業員数が5人未満であると社会保険への加入義務は生じないのである。そして、5人以上になったときは社会保険に加入しなければならなくなる。また5人未満であっても任意で加入することが可能である。しかしこれらの場合、個人事業主本人は社会保険に加入することができない。「従業員の分を負担しているのに、何で自分が社会保険に加入できないんだ？」と不満を漏らす人もいるが、制度上無理なのであしからず。

任意加入する事業主がいる一方で、加入義務のある多くの法人がいまだ社会保険に加入していない。この状況に対して、年金機構は以下のような対応をしている。

①外部事業者による加入勧奨

▼

②勧奨に応じない事業所に対して加入指導

▼

③立ち入り検査

▼

④要件確認して認定による加入

①の外部事業者による加入勧奨は社会保険庁が年金機構となる以前から行われており、東京では社会保険労務士会が担ったこともある。当時はリストアップされた未加入事業者の元を社会保険労務士が一軒一軒たずねて歩いた。訪問した先では「社会保険への加入の有無」をまず確認し、加入していない場合は従業員の現状などをヒアリングし、加入要件に該当している場合は加入を勧奨する……ということになっていたが、途中で怒鳴られて追い返されるということも一度や二度ではなかった。社会保険加入は義務ではあるが、その時点の我々には「現状確認」の任務しか与えられておらず、強制的に何かをすることはできないのである。事業者にとっては、また、当時社会保険労務士の認知度も今と比べても低かったということもあるのかもしれない。現在でも公共入札制度によって選定された外部事業者が加入勧奨の文書を送付するなどして業務を行っている。

②の加入指導については多くの年金事務所で行われており、この加入指導は令和に入ってからは10万件余りに及んでいる。実際、事業主からの相談も多く、この指導の時点で事業所として加入できるのであれば、素直に加入するよう指導するべきであろう。なぜか？　もちろん義務だからというのはあるが、ここで加入せずにこれより先に進むとより大きな問題となってしまうからである。

③立ち入り検査である。この検査は法律によって定められたもので、拒否することができないのである。拒否すれば懲役または罰金刑に処せられる恐れもあるのだ。この検査によって事業所が加入要件を満たし、また役員・従業員の報酬額などが職員によって認定された場合、最大2年間に渡って遡及して加入することになってしまうのである。これが④の認定に

よる加入である。

遡及すれば当然その期間に対しての保険料も請求されることとなる。月々の保険料に対して「あんな高い保険料を払うなんてとんでもない」と言っていたのが、掛けることの24ヶ月分になってしまうのである。他人事ながら想像しただけでも恐ろしくならないだろうか。社会保険への加入については早めの対策と相談が吉であることを我々ももっとアピールしていくべきであろう。

以上のような、加入に関する手続きに始まり、加入した後の従業員の入社や退社に関する手続きを行うのが、この部門なのである。

この言葉が好きな人はいないかも？　徴収課

要は「お金を納めるところ」である。我々社会保険労務士が事業主から直接お金を預かって納付するといったようなことはまずないので、この部門とかかわることは実はあまりない。しかし、加入手続きなどで関わっているだけに全く無関係というものでもないのだ。

とある手続きを行うため、適用課を訪れたときのこと。処理を待っていたら年金事務所の職員さんに呼ばれ、「社会保険労務士さん、ちょっとこちらへ……」。あれ、書類に何か不備でもあったか？　とついていくと、

「○○株式会社さん、顧問先でいらっしゃいますよね？」

「はい、そうですけど」（今日の手続きに関係ないなー）

「実はですね、こちらの会社さんが保険料をずっと滞納されてて、連絡も取れないんですよ」

「そっちかー！」（そういやうちの顧問料も滞ってた！）

お金のことだけに直接的に何かできるわけではないのだが、手続きを行うときには提出代行者として自分の名前を入れているだけに全く関係ない話でもない。

結局「申し伝えます」と引き取り、改めてその会社に連絡することしかできなかったのだが、こんな関わり方もあるのだなと驚いた出来事である。

▼年金の相談、事務手続きはこちら 年金給付課

ひとたび保険料の未納問題や年金記録問題が起こると途端に大混雑するのがこの部門である。通常年金事務所の1階にあり、個

人の年金相談や年金裁定請求手続きを受け付けているが、先のような年金の問題が起ると待合スペースは座る場所もないほどに混雑してしまうこととなる。

都道府県や各社会保険労務士会の支部にもよるが、社会保険労務士が受付を担当して事前に用件を尋ね、年金の相談や手続きなのか、それとも適用など別の窓口なのかの案内を行っている。また場合によっては相談ブースの中に入り届出を受け付けたり相談に乗ったりもしている。高齢化の進展によって年金受給者が増加している今、社会保険労務士はこの窓口を訪れるだけでなく、カウンターの内側にも入っているのである。

18 健康保険・その他の窓口

全国健康保険協会・健康保険組合・厚生年金基金・市区町村役場

▼全国健康保険協会

社会保険の窓口は、実は年金事務所だけではない。狭義の社会保険といえば「健康保険・厚生年金」であるが、年金事務所は日本年金機構の出先機関なので実際は国民年金・厚生年金の窓口なのである。では、健康保険はどこで手続きを行うのだろうか。これは運営主体によって違ってくるのだ。その一つが全国健康保険協会である。

社会保険庁時代、一般の中小企業が社会保険に加入しようとすると健康保険は「政府管掌健康保険（政管健保）」に加入することになっていた。そしてその手続きを行う窓口は当然のことながら社会保険事務所。つまり、従業員が入社・退社する際の社会保険の手続きは社会保険事務所で一括して行っていたのである。入社の際には「資格取得届」を作成していけばその場で受付され健康保険証が交付されていたのである。

そして現在。政府管掌の健康保険はその業務が全国健康保険協会に移管され、政管健保から「協会けんぽ」となった。都道府県ごとに支部が設けられており、保険料も都道府県ごとに異なるなど個別に管理されている。従業員が入社・退社する際の届出自体は以前と変わらず、社会保険事務所を引き継いだ年金事務所の窓口に提出するのだが、その後の処理が変わっているのだ。

届出の窓口自体はひとつであり、受け付けられた届出は基本的にその場では処理されず、事務センターに送付され、そこでシステムに入力される。システムに入力された情報がその後全国健康保険協会に送られて健康保険証が作成され、事業主の手元に渡るのである。この工程を経るため、健康保険証が会社に届くまでには届出から概ね一週間程度かかっている。健康保険証を当日受け取ることができた政府管掌時代と比べれば大幅なサービスダウン（？）かもしれないが、政府管掌時代は4月の入社手続きが集中する時期には座る場所もないほど人が押しかけ、当日処理が完了できず健康保険証の受け取りは後日ということもあったことを考えれば、どちらが良いともいえないし、そもそも今は運営主体が違うのに手続きが一箇所で済むのだからヨシ、と考えることも必要かもしれないと自分に言い聞かせている。

▼健康保険組合

健康保険のもうひとつの運営主体が、健康保険組合である。健康保険組合は、単一の企業で設立する場合と、同種同業の企業で設立される場合がある。組合を設立するためには、一定数以上の被保険者があって、かつ、組合員となる被保険者の半数以上の同意を得て規約を作り、厚生労働大臣の認可を受けることが必要であるため、単一企業として設立するには従業員規模の大きな大手企業などでないとまず難しい。この場合は健康保険組合として法人格をもつが、その職員はその企業からの出向者によって管理されることもあるため人事部外局的な傾向を持つことが多い。

また、同種同業の企業で設立される場合は元々が同業の事業者が組合を作り、それが発展して設立された経緯があり「その歴史は業界の歴史と共にある」場合が多い。

どちらの形態の健康保険組合も、その組合員の状況に応じて自主的な運営ができることになっている。もちろん、最低限の給付などは法律によって定められているのだが、組合によってさらに上乗せをしたりすることもできる。また、保険料も個々の財政状況によって定めることができる。保険料は被保険者の負担と給付のバランスによって決められるが、例えば単一企業組合ならその企業の、同種同業組合ならその業界の平均報酬が高く、また被保険者（従業員）の平均年齢が低い（若い）場合は保険料が安くなる傾向にある。なぜなら、一般的に若いほど病院にかかることが少ないし、また被扶養者（扶養家族）がいないか少なくなる。支出（給付）が少ないところに収入水準が高いとなればその報酬にかける保険料の料率は低くても安定的な運営ができるためだ。その保険料率は協会けんぽの水準を下回ることが多く、そのためよく顧問先の企業から「どこかの健康保険組合に加入したい」と相談を受けることがある。しかしこれには注意が必要だ。

健康保険組合には会社を作って当初からの加入ができないのだ。多くの健康保険組合では、1年以上協会けんぽへの加入実績が求められる。これは、保険料の納付状況（滞納していないか）などを審査されるためである。それらをクリアした上で健康保険組合への編入を申請することになるが、申請の際には様々な書類の提出を求められる。例えば決算書や従業員の平均年齢、扶養家族の数など。これらは「安定して保険料を納める能力があるか」「一定以上の給付が発生しないか」などを厳しく見るためである。この審査は健康保険組合の理事会によって行われ、場合によっては編入が認められないこともある。編入できなかったらどうするか、そのまま協会けんぽに加入し続けるのみである。

では、それが不幸なことかというと、最近はそうとも言い切れないのが現状である。産業の盛衰はどこにでもおこっており、たとえば高度成長時代（昭和30～40年代）と現代では日本経済の状況は全く異なっており、伸びている産業も個々の会社も全く違っている。衰退しつつある業界では若い人材が入ってくることも少なく、高齢化が進んでいる。一方給与は上昇どころかむしろ下降基調にあり、結果収入（保険料負担）と支出（給付）が逆転しかねない状況に陥ってしまう。収入を増やすことができればよいが、簡単に給与を上げることはできないし、そもそもそれは組合員である個々の会社の問題である。最終的にどうするかというと、保険料率を上げるしかないのである。結果けんぽ協会の保険料率を上回る健康保険組合が出てきているのが現実である。こうなってしまうと組合を運営しているメリットがなくなるため、最近では解散を選択する健康保険組合も出てきているのである。

健康保険組合に編入できた場合、その後の手続きは健康保険組合に対して行うこととなる。一般的に健康保険組合は扶養認定が厳しいと言われている。もちろん同じ法律を根拠に事務を行っているので基準が違うということはないのだが、例えば、別居している自分の親を扶養に入れようとした場合、金銭の仕送りなどがあるかどうかを確認されることは当然だが、兄弟の有無と、その兄弟による扶養ということも打診されることがある。これはできるだけ扶養を少なくすることで給付をできるだけ引き下げようとする健康保険組合の努力である。そのためこちらも手続きにあたっては、該当する従業員の

●手続きの流れ

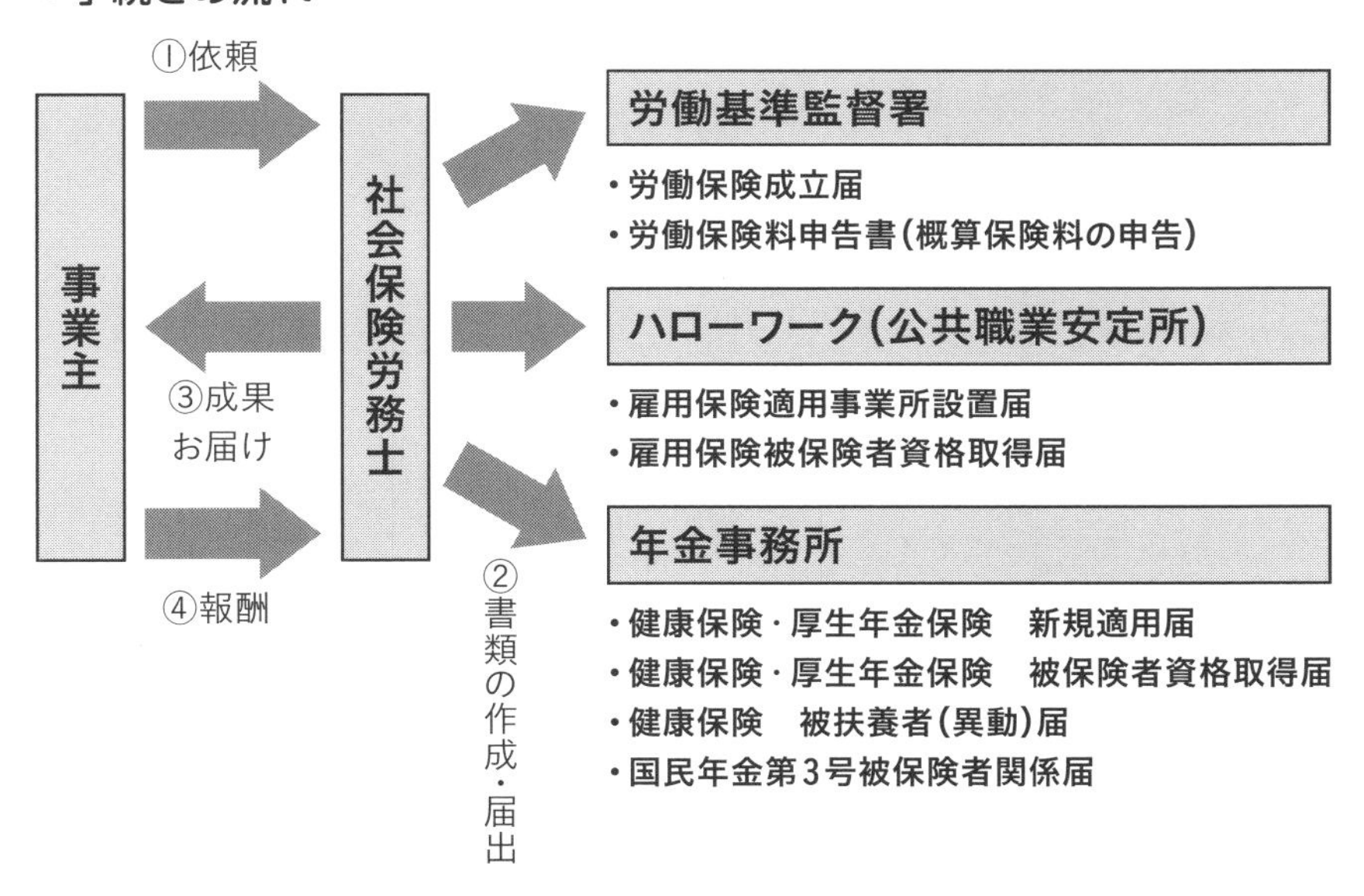

状況を事前に確認しておく必要があるのだ。

こういったことはある意味面倒なことも多いが、保険料額の低さとトレードオフになっているものと考えて、事業主にもきちんと説明しておく必要があるだろう。

▼厚生年金基金

社会保険に加入するということは、一般的には健康保険と厚生年金に加入していることを意味する。企業によっては更なる福利厚生の充実をはかるべく、企業年金である厚生年金基金に加入している場合がある。こういった場合、健康保険や厚生年金保険同様、入社や退職に伴って手続きが発生するため社会保険労務士として対応する場合がある。昨今では、平成25年の法改正による厚生年金基金の解散（※1）に伴う対応を迫られ、相談を受けることも多くなってきている。

▼市区町村役場

関与先の事業主をはじめ従業員他すべて（非居住者を除く）、日本のどこかに住民票を置いているはずである。となれば住民税や、入社前・退職後の健康保険や国民年金の取り扱いなどについて問い合わせを行ったり、また反対に問い合わせを受けたりすることがある。もちろん最終的には事業主や本人による対応が必要になるので一般的なことにならざるを得ないが、手続きの流れや書式が市区町村によって異なるため、説明に当たって事前に確認する必要が生じることが多い。

※1　公的年金制度の健全性及び信頼性の確保のための厚生年金保険法等の一部を改正する法律の成立により、平成26年4月1日以降は一定の存続要件を満たす厚生年金基金だけが存続する」こととなり、存続要件を満たさない基金は、確定給付企業年金など他の年金制度へ移行または解散することになった。

19 社会保険労務士への依頼人は個人？　企業？

社会保険労務士の顧客はどちらが多いか

企業と個人、どちらを向くか

依頼人の割合は、個人と企業のどちらが多いか。

ここでいう個人とは、個人事業主のことではなく、あくまでも一般の個人を指している。

社会保険労務士の仕事として、社会保険手続き、労務相談、給与計算、助成金申請、……と例を挙げるが、これはすべて企業向けの仕事である。それは取りも直さず筆者がほとんど企業向けの仕事しかしてこなかったからであるが、少ないながらも個人を対象にした仕事をしたこともある。それが年金に関する相談、手続きと労働相談であろう。

年金分野における社会保険労務士の役割

社会保険労務士が広く一般にも知られるようになったひとつのきっかけが年金問題（※1）であることを考えると非常に複雑だが、個人的には年金相談を受けることはあまりない。そもそも個人向けにホームページなどを用いて広告していないということもあるし、個人の相談者はまず年金事務所に出向くことが多いこともある。

老後の生活を考えた個人の相談者がいきなり「私は年金いくらもらえるでしょうか」と相談に来られてもすぐにその場でお答えできる術を持ち合わせていないこともあるだろう。

※1　2007年に発覚した、年金記録を管理している国のコンピュータに保存されている国民一人一人の年金の加入や受給の記録が誤っていたり、漏れていたりした問題。

年金の受給額の計算は、その本人の年金加入記録が確認できなければあくまでも仮定の計算しかできないからである。ではその年金記録がどこにあるかといえば、それは年金事務所が持っている。もちろん現在では年金機構のホームページなどで確認できたりもするが、相談者がそうした上で来られることは少ない。そうなると結局「まずは年金記録を確認しないと」となるため依頼がない限りは結局相談者本人が直接年金事務所に赴き、年金記録の確認および受給見込み額を確認して用が済んでしまうのだ。

まさに「社会保険労務士いらず」である。

もちろん、単に記録だけの問題ではなく障害年金（※2）の受給についての相談であるとか、遺族年金（※3）の受給手続きなどの依頼もあるが、それらを専門に扱っている社会保険労務士もおり、相談者もだいたいそちらに行くことが多いのだ。

そうなると、こちらも普段あまり扱わないので自然と遠ざかってしまうことになる。筆者自身について言うと、「年金」と聞いて腰が引けるような感覚になることもある。本当に社会保険労務士としてはお恥ずかしい話だが、いつどんな仕事が来てもいいように、きちんと勉強はしておきたいものである。

※2　障害を負ったために働いたり、日常生活を送る上での困難が生じた人に支給される年金。障害の程度により受給できる年金額も変わる。

※3　公的年金の被保険者がなくなった場合に、その遺族に対して支給される年金。

▼個人の労働相談で経験したこと

数としては非常に少ないが、突然個人の相談者から、

「会社での扱いが納得できないので相談したいが受けてもらえるのか」

と問い合わせの電話を受けることがある。多くは残業代の未払いであるとか、有給休暇をもらえないといった労働基準法違反の疑いがあるものが多い。

社会保険労務士であること、相談を受けるには費用がかかることを説明すると「えっ」と驚かれることがほとんどなので、一般的には労働基準監督署への相談をお勧めすることが多い。

弁護士への相談報酬が一般に30分5，000円といわれる中、あまり変わらない水準であるのがいけないのか、そもそも無料であると思っていたのかはわからないが、社会保険労務士にお金を払うという感覚を持たれていないことも多いようである。

確かに「ちょっと聞いてみたかった」のかもしれない。でも言ってしまえばこちらも商売だから、報酬発生案件であれば請求しないわけにもいかないのである。そして結局、個人からの依頼はやっぱり少ないのである。

20 就業規則の作成！ 労務相談！ 社会保険労務士でも給与計算!?

ひとつひとつ、会社のために

▼作りましょう！ 就業規則

会社に勤務している読者の方で、自分の会社の就業規則（※1）を見たことがある人はどれくらいいるだろうか。基本的にはほぼ100％に近いのが望ましいのだが、会社の規模に

※1　従業員の労働条件や職場の規律を定めたもの。常時10人以上の労働者を使用する事業場ごとに就業規則を作成しなければならないと労働基準法で規定されている。

よってはないところもあるだろう。

労働基準法上、常時10名以上の労働者を使用する使用者は、就業規則を作成して行政官庁に届け出なければならない（第89条）。だから、一般的には従業員が10名いるところには就業規則があるはずなのだが、「そんなの見たことない」なんて話をよく聞く。就業規則は、会社のルールブックなのである。ある社会保険労務士のボスが「就業規則？　何を言ってるんだ、俺が就業規則だ！」といったという話（その昔、プロ野球でもそんな審判がいたとか・・・）が業界ではまことしやかに伝わったりもするが、人がルールブックになってしまうといざというときに勝手に変わってしまったり、そもそも法律に定める基準を満たしていなかったりするので、やはりこれは義務でなくとも作っておくべきものである。

我々社会保険労務士は、その会社に合った就業規則を作るのが仕事なのである。

就業規則は経営者の〝思い〟なくても困らない！　はダメ

就業規則の作成を勧めると、「そんなものなくても何とかなる」と言われる経営者もいる。社長にとって、就業規則は従業員を縛るものであると同時に会社を縛るものにもなるので、明文化されたものがあると何かと都合が悪い、と考えるようである。

それからよく言われるのが「水戸黄門の印籠よろしく、これをみろ！　って言ったら従業員が黙るようなものできないの？」だ。

それが法律に照らしてまっとうなものならばよいが、労働基準法さえ守れていないようなものは首を振らざるを得ない。大事なことは就業規則には経営者の思いが盛り込まれ、従業員がそれを理解することなのだが。そのためには日頃から目を通しておいてもらうなり、説明などもきちんとしなければならないはずなのだが、実際は普段あまり目につかないところに置いているなどという矛盾があるのは非常に残念なことなのだ。

単に法律で義務付けられているから、ということではなく、就業規則の持つ意味、重要性を経営者、従業員の双方に理解してもらうのも社会保険労務士の役目だと考えている。

▼相談に乗ります！　労務相談

社会保険労務士試験を受験しようと考えている方の中でも普段実務に携わってない人には「労務相談」と言われてもまるでピンと来ないかもしれない。労務相談の「労務」とは「**労**働についての事**務**」の略であり、労働についての事務に関する相談ということだから、言ってしまえば「労働する従業員に関する相談」ということになる。

これは本当に幅広い。直接的に関わらなくても会社の中で起きることであれば結果的に従業員に影響することだったりするわけで、ことは労働基準法におさまることばかりではないのである。労務相談の裏にあるものを理解する必要がある。

例えば、

「ある社員が家庭の問題を抱えて休みたいと言ってきたが有給休暇は使い切ってしまっている。休めば当然欠勤扱いとすべきだが、有給を与えて構わないか？」

という相談があった場合。

原因は従業員の家庭の問題だが、有給を与えるかどうかということであれば労務の問題である。しかし、そもそもその家庭の問題というのが親の介護だったりすれば、介護休業について説明し、その手続きも進めることとなる。

「家庭の問題」と言われて、昨今の個人情報の扱いに過敏な世の中で経営者自身が踏み込んで聞くことができないという場合もある。しかし、事情がわからなければ結果的に本人が損をしてしまいかねないことを考えると、秘密は守られなければならないが会社も従業員ももっときちんと向き合って話し合うことが必要だろう。

▼なぜ社会保険労務士が給与計算を行うか？

社会保険労務士が給与計算を行う理由は、社会保険料の計算があるからであるが、実は社会保険労務士法に定められた業務ではない。となると、本来行うべき業務ではないことになってしまうため、以前は別会社を立ち上げてそちらで処理をするという形で行われていたりもした。その後法人化が認められた際に定款で定めれば業務として行うことができるようになったのであるが、そうなると個人事務所はどうなのか？　ということになる。こちらについては、その後社会保険労務士会連合会によって給与計算が「労働基準法に定められた賃金台帳の調整に必要な事務である」という見解が出され、社会保険労務士の業務とされたのである。

他の士業で言えば、税理士も行っている業務であるが、これはもちろん「所得税の計算があるから」ということになっている。筆者の知っている税理士の中には「やらない」と決めている場合も多いようだ。むしろ「毎月必ず同じ時期に一定の時間をとられてしまう」と言って敬遠する人もいるのだ。そもそも入社するときに労働条件についての相談を受け、社会保険の手続きを行い、給与計算をするという一連の流れになっているので社会保険労務士としてはまったくもってウエルカムなのだが、面白いものである。

給与計算をやる意味

「毎月必ず発生する必要な業務」という意味では当たり前なのだが、いくつかの意味がある。まず、給与を知ることは会社を知ることだからだ。

給与計算を任される場合、ある一部の従業員だけということはまずない。もちろん正社員・契約社員・アルバイト・パートなど従業員区分が分かれたり、拠点が分かれていて賃金体系や締支払日、そもそもの管理が異なっている場合は別だが、通常は全社分の計算を委託される。

そこにはもちろん役員も含まれる。

これらを毎月管理することになると、その会社の給与水準や労働時間、残業の多寡や従業員それぞれが担う役割も見えてくる。これが従業員のモチベーションやトラブルの有無などと密接に関わってくるのだ。給与は労働条件の中でも重要な要素となるため、その水準などについて、経営者は世間相場と乖離がないか非常に気にする傾向がある。

経営者から相談を持ちかけられたり、タイミングを見てこちらから提案するために給与のデータを持つことは非常に大事なことである。

そしてもうひとつ。給与計算というのは従業員を雇用していれば毎月必ず発生する業務であるため、顧問契約に結びつきやすいということだ。「従業員の出入りもないし、そんなに相談もない」という場合でも給与は毎月発生するので「じゃあ、顧問契約で」という話になりやすいということもある。こちらとしても、たまに相談や手続きを受けてその都度会社の現状を確認するよりも、継続的なお付き合いをするほうが状況把握が容易なため、すばやい対応をとりやすいのである。

行政から依頼される仕事もある！

行政の窓口を通じて国民のために働く

▼行政協力とは？

普段は依頼に応じて役所に対して提出する書類を作成したり、届出を行っている我々だが、時には役所側の人間として業務を行うことがある。

それが「**労働保険臨時指導員**」や「**年金事務所年金相談係**」といった業務である。これらはどんな業務なのだろうか。

◉労働保険臨時指導員

労働保険（労災保険＋雇用保険）においては、年度更新といって保険料の確定精算手続きが毎年7月に行われる。その際に申告の受付窓口である労働基準監督署をはじめとした労働局関連の窓口で、申告書の受付事務を行うのだ。税金で言えば、毎年3月に確定申告があるが、税務署の受付窓口に税理士が座っているのと同じと考えてもらうとわかりやすいだろうか。支部ごとに希望者を募り、経歴書を提出して任命を受ける形になる。受付期間は6月の終わりから労働保険料の申告・納付期限となる7月10日までの20日間ほどで、交代で窓口に立つことになる。普段は書類を持っていく立場だが、このときばかりは逆になるわけだ。だからと言って気楽な訳はなく、受け付ける書類が正しく記載されているかをきちんとチェックしなければならない。所得税の確定申告もそうだが、申告期限が迫るほど訪れる人も多くなって混み合うため効率よくさばいていかなくてはならない。しかし、建設会社など複数の申告が発生することもあり、書類の分厚い束を出されると言葉にこそしないが「うおっ、キタッ」と内心で思うこともある。そうしているうちにあっという間に一日が過ぎていくのだ。このような業務を経験すると、役所の人の大変さも理解できるため、その後の手続きなどでも優しい気持ちで接するようになるのは筆者だけではないだろう。

◉年金事務所年金相談係

年金事務所の年金相談窓口に行くと、まず受付で用向きを聞かれることがある。この受付には社会保険労務士が立っていることが多い。都道府県や支部によっても異なるが、来所者の用件を伺い、それぞれに適した窓口にご案内するのが仕事である。また、年金相談に来られた人には相談の際に必要な資料などを持ってきているかどうかを確認することも大事な役割のひとつなのだ。年金相談窓口は混み合うことが多く、タイミングによっては1時間以上待たされてしまうことがある。散々待った挙句に必要な資料が足りなくて年金記録が確認できないとか、手続きができないなんてことになれば、結局再度出向いてもらうことになり二度手間、三度手間になってしまう。これを防ぐために受付で事前に確認するのである。

また年金事務所は、健康保険・厚生年金の資格取得や資格喪失の他、保険料や年金の支給申請など受け付ける業務は多岐に渡り、その手続きのために訪れる人は慣れている社会保険労務士、経営者、企業の人事総務担当者のみならず先のような一般の人も含まれる。年金事務所は市区町村役場のようにそう頻繁に行くところではないから初めての人は戸惑ってしまうのだ。そういう人に「今日はどんな御用ですか」と〝にこやかに〟声をかけるのである。慣れた人なら「遺族年金の裁定請求書をもらいに」と答えられるが、多くは、

「年金もらうのに必要な用紙をもらって来いと言われた」
「何の年金ですか？　老齢？　障害？　遺族？」
「母が亡くなったので」
「遺族年金ですね」

と情報を引き出す必要がある。普段から手続きに携わっている社会保険労務士だからできる業務ともいえるのだ。

このような受付業務のほか、実際の年金相談のブースに入って業務を行っている社会保険

労務士もいる。これは各年金事務所とそれぞれの支部との間で業務委託が行われるため、全部で行われているわけではないが、年金業務においても社会保険労務士の存在感が高まっていることは事実である。

その他行政機関との協力

いわゆる社会保険関係の業務だけに限らず、市区町村役場における社会保険労務士の活躍の場も増えている。

現在全国の地方自治体において指定管理者制度というものが採られている。これは自治体が管理する公園や老人施設、保育園などの管理を入札によって選ばれた民間事業者に委託する制度であるが、そこで働く人たちの労働条件が法律上適正であるかを社会保険労務士が確認するというものである。自治体によってこれを「労働条件審査」とか「労働環境モニタリング」等と呼んでいる。

指定管理者制度は一般競争入札を行うことでコストを下げる効果が見込まれている。しかし、コスト低減の結果が例えば残業代の未払いや、従業員の賃金が最低賃金を下回るなど従業員にしわ寄せがいき、それが住民に対するサービス低下につながれば本末転倒になってしまう。そのため、各自治体は社会保険労務士に委託をして指定管理者（受託事業者）の従業員の労働条件が適正であるかを確認する仕組みを整えたのである。労働条件を適正に保つ役割の一端を担うということは、社会保険労務士の存在する目的にも合致することであり、今後も更なる展開を見せることになるだろう。

それも、社会保険労務士の仕事？

どこまで広がる？　社会保険労務士の仕事

▼マイナンバー対応、なぜ社会保険労務士？

平成27年10月から開始されている「個人番号法制度」。通称マイナンバー制度だが、これが始まったことで社会保険労務士の業務が増加することになっている。なぜなのか。このマイナンバーは、日本国内に住所を持つすべての人に個別の番号を振り出し、

①税金
②社会保障
③災害対策

の3つの分野に限って利用していこうとするものである。

例えば①の税金の分野では会社が支払った給与や報酬について、誰にいくら支払ったかを税務署や自治体に届け出る際に個々人のマイナンバーをもって届け出ることでその所得を把握しやすくしたり、②の社会保障では社会保険の資格取得などに際してマイナンバーを登録しておくことで、給付などが効率的に行われるようにする、というものである。

①にしても②にしても、雇用する従業員などのマイナンバーを事業主は収集して保管しな

ければならず、その方法についても一定の要件を満たさなければならないため、社内のそういった体制に普段から接している社会保険労務士の出番となるのである。③については社会保険労務士がというよりも、行政が災害時の支援を効率的に行うためのものとなっている。

▼マイナンバー制度と社会保険労務士

マイナンバー（個人番号）の制度は、平成27年10月以降、住民票を有する方に12桁のマイナンバー（個人番号）が通知されているもので、新たに出生するか国外から転入してきた人にも市区町村窓口での転入手続後にマイナンバーが付番される。外国籍であっても中長期在留者、特別永住者などで住民票がある場合には、マイナンバーが付番されることになっているもので、ICチップを利用してオンライン上で安全かつ確実に本人であることを証明できるため、その用途は年金、雇用保険、医療保険の手続や生活保護、児童手当その他福祉の給付、確定申告などの税の手続等とされている。

なぜこの制度が社会保険労務士に関係するかというと、先にも書いたように「年金、雇用保険、医療保険の手続」に使用するからだ。そしてそれらは手続きを行う事業主が収集することになっている。従来事業主は、従業員の入退社に際して本人の氏名や住所、生年月日や扶養家族といった属人情報の他、厚生年金の手続きなら「基礎年金番号」、雇用保険なら「雇用保険被保険者番号」を確認・収集できていればよかった。しかしマイナンバー制度が始まったことでこれらの情報の他にマイナンバーの確認・収集も必要となったのである。

そしてこのマイナンバー、ご存じの人も多いと思うがなかなかに厳格な取り扱いが求められているのだ。求められているなんてものではない、法律によって厳格に定められ、下手をすると刑事罰を受ける、なんてことになっているのだ。

収入や家族構成などの個人情報など、本人にとって知られたくないことを漏らさないようにしろ、と言われれば「その通り」であるが、ことは12ケタの番号である。覚えようったって覚えられるものではないし、これを使って税の手続きをするからと、手に入れたところでむやみやたらに収入を確認できるようなものでもない。

しかし法律で定められた以上、守らなければいけないし、守るための仕組みを作らなければならない。「社内の仕組みづくりと言えば社会保険労務士」と相成ったのである。今までにない取り組みに、システムを提供する会社からの講演オファーや提携話、そして顧問先からの問い合わせが毎日嵐のように飛び交っていた。

我々のやることは、法律に従って具体的にどのように管理しなければならないか顧問先をはじめとした事業主にアドバイスすることであった。ただこの時どうしてもちらつくのは「最悪」のケースである。

法律では個人番号を取り扱う者が不正に提供や盗用した場合に懲役刑が科されることになる。もちろん「不正に」なのでやらなきゃよいのだが、よからぬ目的を持った従業員が行ってしまい、損害が生じた場合は事業主が責任を取らなければならない場合も出てくる。そんなリスクにおびえつつ、厳重な取り扱いを求められながら事業主に収集の義務があるという。

かたや従業員の側では、マイナンバーはとにかく人に見せてはならないもの、会社にだって出したくないとなる。さらには持ち歩くなんてもっての外ということでマイナンバーカードは作らず通知書を自宅に厳重に保管し、結果紛失してしまうなんてことが当たり前のように起こっていた。

そして現在。令和2年初頭に起きた新型コロナウイルスの発生は、マイナンバー（カード）の存在をクローズアップさせることとなった。コロナウイルスによる休業等への影響を鑑みて個人に10万円が支給される特別定額給付金の申請を、マイナンバーカードを利用して電子申請で行うことでその支給が早まることとなったのだ。これによりマイナンバーカードの交付を求める人が相次いだのである。

こういった事象や、ポイント付与のキャンペーン、健康保険証のマイナンバーカード一本化などの流れがあったこと、マイナンバーカードを持つことでマイナンバーの取り扱いに慣れたこともあるのか、当初のような混乱は今はほとんどなく、マイナンバー管理に関する相談なども最近ではめっきり減ることとなった。

23 いろんな人とのお付き合い

役所やお客だけじゃない社会保険労務士の「お付き合い」

▼お付き合いは役所とお客さんだけ？

社会保険労務士として活動するなかで、どんな人とのお付き合いがあるのだろうか。顧問先または顧問先の候補となる企業の経営者とお付き合いすればよい？　と思いきや、そんなわけはない。顧問先を獲得していかなければならないことを考えれば、もちろんそういった人たちとのお付き合いはとても重要ではあるが、それだけでは足りない。これは顧問先獲得だけでなく、顧問先に対してサービスを向上させるためにも必要なことである。社会保険労務士としてお付き合いするべき人たちにどんな人がいるのか、お話ししよう。

▼同業の社会保険労務士とのお付き合い!?

まずは、当たり前だが同業の社会保険労務士である。

「商売敵じゃないか」と思うなかれ。

自分がそれだけの存在感を示せるならばたいした者だが、こちらがそう思っているだけで、相手はそんなこと思ってもくれない。

同業ということを考えればもちろん商売敵であることには変わりないが、それは対顧客というだけであって同じ資格を持っていてもその人の経験や仕事の内容、特徴は唯一無二のものであり、経験が不足している人間にとっては、勉強になることばかりなのである。場合によっては相手の苦手な仕事が回ってくることだってある。それを商売敵だなどとつまらない自意識で毛嫌いして接触を避けたりすることは、何の得にもならないのである。

もちろん名刺交換して同業だとわかった途端に相手の方が意識しすぎてぎこちなくなることも多いので、みなが仲良くなれるわけではないが、同業である社会保険労務士とは仲良くしておいて損はないのである。

◉参加してみよう、支部活動！

異業種交流会などで社会保険労務士と会っても、向こうも営業のために来ているのでその場で仲良くなれるということはそう多くはない。親しくなるにはやはり接触頻度を高める必要があるが、営業と関係ないところで関わる方法を考えると、やはり支部活動が一番だろう。

支部の中では委員会制を採っており、研修、厚生、総務などそれぞれの役割を担っている。その活動に参加することで自分たちの支部の発展、ひいては自分自身の発展にも寄与することとなる。もちろん、報酬が出る性質のものではなく、人によっては「無駄な活動だ」という人もいるが、そういう人に限って研修には必ず参加したりするのだからわからない。影で汗をかく人がいることを知る、というのも勉強だし、そういった活動をやった者同士だからこその連帯感も生まれたりするのである。

そんな活動の中で、仕事の相談に乗ってくれる先輩ができたり、同じ仕事をするものだからこそわかる愚痴を聞いてくれる仲間もできる。開業社会保険労務士という個人事業主といえど、一人ぼっちでは何もできないのだ。

▼関係あるの？　他の士業

同業である社会保険労務士と繋がる意味はわかったが、では他の士業はどうだろうか？　士業というと、弁護士、税理士、司法書士、公認会計士、行政書士、不動産鑑定士、土地家屋調査士、建築士、……と国家資格だけ上げてもたくさんあるが、社会保険労務士と関係があるのだろうか。

これが、あるのである。

もちろん、直接間接の違いも関わり方の濃淡もあるが全く関係ないということはないのである。関係ないと思うのは、それは自分自身がそれぞれの士業の仕事を理解していないからだと思ったほうが良い。なぜならば、何するのかわからない人に仕事で関わろうとは思えるわけがないからである。

逆に考えてみよう。例えばあなたが企業の経営者を顧問に持つ税理士だとして、その経営者から税理士であるあなたに残業代に関する相談があったとする。税理士である自分に時間外労働や割増賃金に関する知識がなかったらどうするか？　知り合いの社会保険労務士に聞くか、もしくは聞いてくれと言えたならまだしも、社会保険労務士がどんなことをしている士業なのか知らなければ、それすらも言えないのである。せいぜい労働基準監督署に問い合わせるよう勧めるか、先に挙げた士業の中であれば、弁護士に聞いてみて、となるところではないだろうか。

我々社会保険労務士は、多くは企業の中で起こる問題を最初に受け持つことになる。しかしその中には本来社会保険労務士の守備範囲外である問題も発生する。

企業の経営者は、その問題を誰が解決できるのかを知らないことが多いのだ。なのに相談を受けて「それはお困りでしょう。大変ですね」で終わってしまっては何一つ解決にならない。

「それは○○士の守備範囲ですね。知り合いがいますから聞いてみますよ」

「○○の分野に精通している人を知っているから、良かったら話だけでも聞いてみますか？」

ということまで提案できてこそ、社会保険労務士としてのサービスではないかと思う。その提案ができるためにも、我々自身が他士業の仕事や特徴、強みを知り、多くの人脈を持っておかなければならないのだ。

士業だけの繋がりでいいのか？

もちろん、士業だけ知っていればいいかというとそれだけではないことがわかるだろう。企業の経営者の困り事は多岐に渡る。経営に関しては当然のこと、細かく見れば資金のことや従業員のことについて日々頭を抱えている。またそれだけでなく、家族のことや家のこと、健康などといった個人的なことまで相談を受けることがある。そうなれば士業だけでは対応しきれないのである。もちろんすべての解決策を持っているわけはないが、それをどれだけ多く持てるかで受ける信頼が違ってくる。

「困ったことがあったら社会保険労務士の○○さんにまず相談してみよう」

と思ってもらえたらしめたものである。

そして顧問先の企業経営者にとって、紹介されて嬉しいもの……それは何より「お客」ではないだろうか。

我々は普段、顧問先から報酬をいただいている。でもそれは、顧問先の企業の売り上げがあってこそのものであり、顧問先企業の発展がなければ我々自身の発展もないのである。だから、顧問先企業がどんなお客を求めているのか普段のお付き合いの中で十分に理解しておき、自身の人脈の中でそのサービスを求めているところがあれば紹介できるようにすることも大事である。

日常の困りごとを解決してくれるだけでなく、売り上げにも貢献してくれる社会保険労務士を手放したいと思う経営者がいるだろうか？

多くの人脈を作ることについて、開業社会保険労務士を念頭に書いたが、別に開業に限ったことではないのである。

社会保険労務士事務所に勤務する社会保険労務士であっても、顧問先企業に対するサービスとしては大事であろうし（もちろん事務所の方針もあるが）、企業に勤める勤務社会保険労務士でも困りごとが起きたときの対応は同じようになるであろう。

人事総務担当者として、解決策の選択肢は多いに越したことはないはずだ。ただただ多くの人を知っていればいい、ということではないだろうが多くの人を知った上でその人たちと有機的に繋がっていることが大事であろう。有機的に繋がるというのは「この人と付き合っていると便利だ」といったような計算でなく、一方にとっては「困りごとが解決できた」、もう一方には「おかげで売り上げになった」、そして自分にとっては「それぞれが喜んでくれる」ということである。

人と人とが繋がる意味というのはただ知り合うということではなく、互いに喜びを与え合える関係になることではないだろうか。

24 新しい波！ 社会保険労務士を取り巻く環境

社労士はＡＩに勝てないのか？

仕事を奪われる？ ＡＩ、ＣｈａｔＧＰＴの進歩に、社会保険労務士は？

２０２２年に公開された革新的なサービスであるＣｈａｔＧＰＴ。その元となっているＡＩ技術とともに、注目を集めている。ユーザーが入力した質問に対して、人間が答えているかのように自然な対話形式でＡＩが答えるチャットサービスである。

これがあれば困ったときに質問を投げかけるとインターネット上にある膨大な情報を学習し、人間が書く文章と遜色ないレベルで文章を生成してくれるので「仕事を奪われる人が出るんじゃないか」とネットなどで話題になった。

確かに、単純な絵や文章の作成、事務作業などはどんどん自動化されていき、それを主としているような職業は淘汰されてしまうかもしれない。では社会保険労務士はどうだろうか。社会保険労務士に相談するのではなく、ＣｈａｔＧＰＴを利用して答えを求めたらうまく解決できるだろうか。

答えは「ＮＯ」だと思う。もちろん単純な法律や判例の知識に関する部分については簡単に答えが出るかもしれない。しかし、実際に目の前で起こっているようなケースについてどのように判断するか、という時には法律はもちろん、過去の判例に基づいて判断することは当然であるが、目の前で起こっているのは生身の人間に関わることである。そこまでの経緯や、そこに関わる人たちの立場や気持ちも含めて理解できなければ本当の解決はできないだろう。先にも述べたように、ＣｈａｔＧＰＴはインターネット上にある膨大な情報を学習し、それに基づいて文章を生成するサービスである。人間のトラブルによくある「言った言わない」や「ハラスメント」などの曖昧な要素を含む問題の解決策が見つかるとは思えないのだ。当然今後も精度の向上が図られ、より使いやすいサービスになっていくことは間違いないだろうが、社会保険労務士にとって代わる、ということはないだろう。

我々がこれからやっていくことは、これらの技術を有効活用してさらなる仕事の精度を上げていくことだろう。単純な文章の作成ということだけによらず、顧問先での制度マニュアルやＦＡＱの作成などにも利用すれば自分自身の時間を有効に使えるようになり、顧問先に対しても質の高いサービスを提供することができるだろう。

ただ、新しい技術を利用する上で気をつけなければならないことがいくつかある。まずは正確性の問題だ。自分でネット検索をするときもそうだが、情報ソースによっては不正確な情報を探し当ててしまい、それを正しいものとして採用してしまうことがある。文章としてはあたかも正しい情報であるかのように生成されてしまうため、使う側が気をつけないとその誤った情報をさらに他へ流してしまう恐れがある。

もう一つは情報漏洩のリスクであろう。ＣｈａｔＧＰＴに入力した内容はＡＩの学習に使用される。それが寄せ集まることで情報の精度が上がるのである意味「お互い様」なのだろうが、より具体的な回答を求めるがあまり、そこに機密情報やプライバシーにかかわる情報を入力してしまうと漏洩ということになる。これでは問題解決どころではなく新たな問題を生み出すことになってしまうのだ。

革新的な技術は使われることで改善が図られ、新たな利用法も生み出されていく。欠点ばかりに目を向けるのではなく、それを使ったより良い活用法を模索していくのが一番であるが、リスクがあることを忘れてはいけない。

ちなみにこの文章はＣｈａｔＧＰＴにより作成したもの……ではない。そうしたらもっとうまく書けるのかもしれないが。

▼アフターコロナ、テレワークの普及で顧問先、社会保険労務士の働き方に変化は？

令和2年1月、国内で初めて新型コロナウイルスの感染者が確認され、2月末には全国一斉の臨時休校、そして4月には一都一府五県に緊急事態宣言が発出されその後全国に広がった。「ステイホーム」が推奨されたことにより多くの企業が会社への出勤を控える動きとなり、「テレワークの推進」が叫ばれた。というより実質この方法しかなかったのであるが。

そもそもテレワーク自体はコロナ禍以前より政府が推進の旗を振っていた施策であったが、普及率2割程度とほとんど浸透していなかったものだ。しかし、得体のしれないウイルス感染の恐怖におびえる従業員を無理やり出勤させることはできないし、出社を命じる上司も出勤したくないのであるから、最善の解決方法はテレワークしかないのである。

非常時ということで、従業員の働き方について多くの相談が入った。私の経験から考えると、東日本大震災に並ぶ相談の量だったように思う。出勤してないが給与は払うのか、パソコンを持ち帰って仕事させて良いのか、出社・在宅勤務に関わらず仕事にならない場合はどうしたらよいのか、などなど。

なにせ、誰も経験したことのない事態である。法律が想定していないことも多く、行政機関に尋ねてもあいまいな答えしか返ってこないような有様で、当たり前のことではあるが会社ごとの状況に合わせて従業員と事業主のバランスを取ることに苦労した。

親身になって相談に応じたいのに、訪問してひざを突き合わせて話をする、ということがそもそもできないのである。当初は電話の通話時間がやたら長くなっていた。そのうちZoomやTeamsといったWEB会議ツールの使用が広まり、画面越しとはいえ顔を見ながら話ができるようになっていった。

それから3年半が過ぎ、コロナウイルスは完全に終息こそしていないが感染法上の分類も変わり、インフルエンザと同じ扱いになった。人の姿がすっかり消えた街にも多くの人が戻り、海外からの訪日客もコロナ前を上回るようになった。

今、働く人の環境はどうだろうか。朝の通勤ラッシュは復活し、以前のように戻っているようにも見えるが、会社によってはオフィスを縮小し在宅勤務を主体としているところも出てきている。また通常は出勤するスタイルだが、在宅勤務を選べるような制度を組んだ会社もある。コロナ禍を経験したことで「別に出勤しなくても何とかなる」とシステムや制度を変更して柔軟な働き方ができるように体制を整備した会社も多く出てきているのである。

翻って社会保険労務士はどうだろうか。こちらも危機管理対応を含めて柔軟に対応できるようにする人が多くなっているだろう。窓口に行って手続するのではなく、電子申請を活用したり、顧問先との会議もZoom等を用いたり、社労士会で行われる研修や会議もZoo mによって行えるようになった。研修などはオンライン参加ができるようになったことで参加者が増えたとも聞いている。確かに以前であれば研修となれば時間と交通費をかけて会場に行き、研修を受講し、また時間と交通費をかけて帰るという半ば当たり前のことではあるのだが、オンラインで受講できるのであれば自宅に限らずネット環境さえあればどこでも可能になるのである。多くの勤務社会保険労務士も、以前ならば終業時刻に勤務先を何とか出て会場まで行き、終わったら帰宅していたものを在宅のまま仕事から研修、終わればそのまま自宅でプライベートとなるわけだ。

それによって自分のために使える時間も多くなり、これが結果として働き方改革にもなりうるのである。しかしながら、社会保険労務士の活動は仕事と研修だけではない。自分が困ったときなど、仲間同士で助け合う横のつながりを持っておく必要もあるのだ。会社でいう同僚がない開業社会保険労務士にとっては同業の仲間が会社の同僚にあたる。もちろん商売上は別物ではあるが、同業者としてのつながりを持つことで困った時に助け合い、また切磋琢磨して自分自身を高めていくのである。

そういった意味では、人と直接会えないコロナ禍は悲惨なものであった。懇親を深めるために企画されていたイベントは例にもれずすべて中止となった。「オンラインイベント」が企画され、唯一これがイベントと言えるものであった。

こう考えると、新型コロナウイルスというのは非常に忌々しいものであり、本当に鎮まってほしいものではあるが、それをマイナスだけでなく負けずにプラスに変える人の力に頭が下がる思いである。

労働者だけじゃない！　未来を担う子供たちと社会保険労務士

子供が「早く働きたい！」と願う社会へ

さて、ここまで社会保険労務士として事業主と労働者に関わる業務をメインに説明してきたがこれは今に対する仕事である。我々は「未来」に対する業務にも携わっているのである。それが、「キャリア教育」である。

▼小学生に「はたらくって？」

社会保険労務士が小学校～高校を巡り、働くとは何か、働くことの意味とは何かについて講義をしている。なぜこんなことをするのか。当たり前のことだが、小学生が「働く」とはどういうことかをいきなりわかるはずはないし、学校の教科でも社会科の産業学習の中で農商工業について学ぶ過程で「工場で働く人」などに着目することはあるが、具体的に働いて賃金を得ることや働くことにルール（法律）があることを学ぶことはない。これは小学生だけでなく中学・高校生もそうである。もちろん高校生になれば、アルバイトをする人もいるから働いて賃金を得るということはわかるが、雇用する側に対してあまりにも無知であることが多く、結果として便利に扱われてしまう事例も多く見受けられる。そこで「キャリア教育」の一環として社会人としての基礎的資質・能力を就学中に養うことで自立した社会人への橋渡しを目的に行っている。

日頃から多くの職業を目にしている社会保険労務士であれば多くの実例を語ることもで

きるし、それこそ労基法をはじめとした働くためのルールを語るには不足はない。企業に勤めたりといったような経験のないまま教師になった、という先生には世の中の職業のことはわからないことも多く、まして労働基準法は地方公務員である公立学校の先生には適用されていないのである。社会保険労務士だからこそできる授業ではないだろうか。

▼子供たちは働きたくない？

小学生に「将来何になりたい？」と質問すると、だいたいスポーツ選手や医師、教師や保育士などテレビでよく目にする職業や、自身に身近な職業が挙がるようである。にもかかわらず、

「早く大人になって働きたいか？」

という質問には、ほとんどが、

「なりたくない」

と答えるらしい。

このギャップは何であろうか。これはやはり、一番身近で見本になりやすい大人である「親」がその原因の一端のように思われてならない。自分の親が仕事から帰って「いや～しん

どい」「上司が××」などとネガティブな仕事の愚痴をこぼしていれば、

大人になって仕事をする

働くことは大変

大人になりたくない

と思ってしまうのも無理はないだろう。

「ニート」の存在が潜在的な社会問題となっているが、その原因のひとつにもなっているのではあるまいか。そうでなければ「働いたら負け」なんていう言葉が出てくるはずはないと思うのだが。

もちろん働いていれば楽しいことだけではないというのは確か、ただイヤイヤやっているだけならばそれはもはや「労働」ではなく「労役」である。ロボットやコンピュータに置き換わることがあっても、労働の担い手がいなければ社会が成り立たないことは明白なのだから、キャリア教育というのは今後もっと重要になっていくだろう。

直接の顧客にはなりえない子どもとの関わりであるが、同じ社会の一員として、同じ未来を共有する者として、働くことの意味や社会のルールを教えることができるのも社会保険労務士ならではなのである。

Column CASE 5

異業種交流会あれこれ

「異業種交流会」というと、どんなイメージを持つだろうか？　その名のとおり、いろいろな業種・職種の人たちが大勢集まりひたすら名刺交換をするが、名刺を出した瞬間にお互いセールストークをするだけで、たくさん名刺を交換した割には相手のことをほとんど覚えていない……そんなイメージを持つ人も多いかもしれない。

筆者も昔初めて参加した異業種交流会がそんな感じのものだったので、正直なところあまり良い印象は持っていなかった。しかし、最近はいろいろなタイプのものがあり、それぞれに特色を出しながら活動している。「地域交流型」「ビジネス紹介型」「理念共有型」などいくつかのタイプに分かれ、開催の都度メンバーの代わる「スポット開催型」から定期的に開催される「メンバー固定型」などによって開催頻度も違うため、参加スタイルも異なってくる。

参加するに当たっては、まずその集まりが何を目指し、何を優先しているかを確認する必要があるだろう。事業主・経営者の単純な交流が目的なのか、それとも会員相互のビジネス紹介なのか、経営理念の共有なのか……。

仕事を紹介してもらいたいのに理念の共有を優先されると焦るだけだし、相談できる仲間が欲しいのにビジネス紹介をひたすら求められるのもストレスになる。まあ、開業したばかりで仕事よりも仲間が欲しいという人も少ないだろうが。交流会を運営しているのが法人などの組織であれば、年間十数万〜数十万円の会費がかかる場合もあるし、有志による組織であれば事務作業を含めた運営に必要な役割を求められることもある。

お金にしても時間にしても、それなりのコストを支払うことを考えると、ただなんとなく参加するというのはお勧めできない。

いくつかの異業種交流会に参加して思ったことは、仕事でも、仲間でも、何かを得たいと思ったら待っているだけでは何も得られない、ということだ。例えば仕事を得たいと思って参加したとして、1回や2回の参加でいきなり顧問契約が取れることはほとんどない。同業者が他に何人も参加していたりするし、そもそも「社会保険労務士ってなに？」というメンバーもいたりするのだ。いろいろなメンバーを相手に「社会保険労務士の仕事」だけでなく「自分が信頼できるか」を伝えていかなければならないのである。

自分の仕事を説明し、信頼を得られるだけの付き合いができなくては相手には伝わらないのである。あなたの提供するサービスが有形のもので非常にわかりやすく、かつ世の中から強く求められているものであるなら即契約・即購入ということもあるだろうが、我々社会保険労務士のサービスは「無形のサービス」に類するものである。「何をする人か」だけでなく「この人を紹介できるか」「この人に頼んで大丈夫か」を常に見られているのだ。それをわかってもらうには、数ヶ月〜数年かかるものと考えた方が良いだろう。

こうして考えてみると、仲間を求めようがビジネスを求めようが、結局はヒトとヒトの付き合いであるから近道はなく、地道なものとなるだろう。でも、「ヒトに関わる専門家」である社会保険労務士にはものすごく向いているものなのではないかとも思うのである。

第6章

特定社会保険労務士という存在

[「特定」が付くと何が違うのか]

拷問？　いえ、研修です

「特定」への長い道のり

▼ただの社会保険労務士ではない？

さて、特定社会保険労務士とは、いったい何者なのであろうか。ある意味特別であることは確かである。

以前は従業員と事業主の間で労務に関するトラブル（解雇や賃金不払い、セクハラなど）が起こった場合、自分たちで解決できなければ裁判に持ち込むしかなかったのだが、裁判は正確な事実認定に基づく判断が必要とされるため一定の時間と金銭が必要となる。なにせ、裁判になれば、当事者が個人か会社か、案件の内容にもよるが弁護士費用として着手金20～50万円、別途成功報酬として数%～十数%程度の支払いが発生する。解雇の案件などで賃金仮払いの仮処分でも出ようものなら賃金の支払いも必要になるなど、金銭的な負担は免れない。また、裁判手続きの中で弁護士が使用する資料のベースとなる証拠の用意や弁護士との打ち合わせなど、お金だけでなく時間も取られてしまうことになる。

「白黒つけようじゃないの！」

と明確な解決を求めるのであれば最終的には裁判所で判断を仰ぐことも必要ではあるのだ

が、労働紛争が起こる原因は法律の無理解に始まる言葉や感情の行き違いが絡むことが多く、白黒つければそれで済む、という問題ばかりではない。

毎月のサラリーで生活する労働者にとっては「もらえるはずの賃金を払ってもらえない」など生活に直結する問題だし、また企業にとっては判決が出ることで「株式会社○○事件」などと判例に自社の名前が残っていくことを避けるため、最終的には判決を待たず和解に応じることが少なくない。

裁判は、日々の糧を得ていかなければならない労働者、本業に専念したい会社の双方にとって、デメリットもそれなりに大きいのである。

そこで、いきなり裁判ではなく「話し合い」によって解決を図れるように、ADR（裁判外紛争解決手続）という制度が設けられた。これは、紛争の当事者である会社と労働者の間に学識経験者等である第三者が入り、双方の主張の要点を整理して、解決方法を「あっせん」してくれる、というものである。これで双方が合意できれば解決、合意できなければその後「労働審判」（※1）等の裁判手続きに移行することになるが、特定社会保険労務士は個別労働紛争解決手続において、代理人として紛争の解決に関わることのできる資格なのである。

「特定」社会保険労務士にどうやってなる？

特定社会保険労務士になるためには、まずは社会保険労務士であることが必要である。その上で、「厚生労働大臣が定める研修（以下「特別研修」）」を修了し、「紛争解決手続代理業務試験」に合格しなければならない。この「特別研修」と「試験」は、一年に一度行われることになっている。

※1　解雇や給料の不払など、事業主と個々の労働者との間の労働関係に関するトラブルを、そのトラブルの実情に即し、迅速、適正かつ実効的に解決することを目的として平成18年4月1日から始まった制度。原則として3回以内の期日で審理がされる。

この「特別研修」であるが、例年九月から十一月にかけて実施される。「特別研修」は、「中央発信講義」「グループ研修」「ゼミナール」という三つの段階に分かれ、総時間にして六十三時間半の研修である。

まず「中央発信講義」であるが、『個別労働関係紛争に関する法令及び実務に関する研修として、憲法を基本とする法の体系の中で、個別労働関係法の制度及び理論を理解させ、また、個別労働関係紛争解決手続代理人としての倫理を確立させるため』の講義を受けることになる。なお、これは内容を全国で同一のものとするため講義をeラーニング視聴することによって行われている。これにかかる時間は三十時間半。

みなさんも想像していただくとわかると思うが、いくら自分の職業に関わる勉強のためとはいえ、講義の映像を五時間も六時間も、ひたすら見なければならないのは、誤

解を恐れずに言えばなかなかの「拷問」である。

内容がとても大事であることは重々理解しているつもりであるし、これでも足りないと思われる向きもあるだろうが、ずっと集中を続けるというのもなかなか酷ではなかろうか。

しかし、これを乗り越えてこその「特別研修」である。送られてきた分厚いテキストを見て、やる気が出なければ特定社会保険労務士になる資格はないのだ。

27 試験より大事？ グループ研修

研修のキモ、グループ研修とは

▼どんな人とグループになるか

「中央発信講義」を無事に終え、続いて行われるのが「グループ研修」である。これは、受講者を十名程度のグループに分け、個別労働関係紛争における書面を作成することを目的に行われるものである。研修期間は三日間。十八時間かけて行われるのであるが、この研修の中で大事なことは、書面の作成よりもそこに至るまでの過程であると思っている。研修では設例を元にして、依頼人が何を求めているのか、何を根拠にしてどのように考えるべきかを討論していくのである。これが、所属している支部や年齢、性別はもちろん、合格年度も開業・勤務を含めたキャリアもまったく異なる社会保険労務士同士で行われるのである。社会

●特定社会保険労務士特別研修の日程・時間

中央発信講義	グループ研修	ゼミナール
視聴期間約1カ月	3日間	3日間
30.5時間	18時間	15時間

保険労務士として過ごす日常の中で、設例とはいえ他の社会保険労務士と真剣に討議しあう場というのはそうそうない。しかも、グループのメンバーはほぼ初対面である。だからといってこのグループ研修、メンバーが十人いるからあまりしゃべらなくても大丈夫、というわけにはいかないのである。

このグループでの討議を円滑に進められるように、ファシリテーター役として特定社会保険労務士がグループリーダーとして各グループに一人付くことになっている。グループリーダーはグループの討議の方向性に注意しながら、時にヒントを提供するなど、進行のお手伝いをするのがその役目である。このリーダーの考え方もあるとはいえ、間違っていたとしてもとにかく自分で考えて討議に参加しなければ、考え方は身に着かないし、特定社会保険労務士試験ではもちろん、その後の実務でもただ「正解」を求めるだけの思考回路になってしまう。人は「間違える」ことを嫌う。ましてプライドの高い士業ともなれば、他人の前で間違えたことを言うなんて死にたくなるようなことである。しかしながら「間違えていたら恥ずかしい」「バカにされる」といった思いに囚われてしまうことは、この研修の中では何の足しにもならないのである。

間違って考えているならば、それを研修の中でいかに正すかが大事なのであって、

「間違っていたら恥ずかしい」➡「だから発言しない」

では、結局自分の間違いにも気づけず、「『設例に対する』正しいであろう対応」を覚えるだ

けになってしまうので、正しい思考の方向性などを身に着けることができないままになってしまう恐れがあるのだ。

「資格」という鎧を身にまとう

筆者自身、このグループリーダーを二度ほどやらせてもらったのだが、当然ながら最初はみんな固い。社会保険労務士に限らず、国家資格を持つ「士業」同士はなかなか打ち解けることが難しい。最初に名刺交換をして、全体で各々自己紹介を行ったところで「さあ始めましょう」と言ってもにこやかな睨み合いが続いてしまい、丁々発止とはいかないのである。

これは別に士業に限ったことでもないのかもしれないが、「士業は資格という鎧を身に纏っている」と思う。その鎧を脱がずにずっと着たままでいると、ただただ堅苦しいばかりで話もまったく弾まない。そうなれば討議も皆が安全圏から踏み出さず、上っ面だけで進んでしまうことになりかねない。

では、どうするか？　自分自身そもそも鎧を着ていたのか疑問もあるが、ここはやはりリーダーが率先して鎧を脱がなくてはいけないと筆者は思ったのである。

筆者自身特定社会保険労務士であり、もちろん「特別研修」を終了し「試験」にも合格しているが、制度創設時の合格率が八割であった試験で恥ずかしながら一度「落ちて」いるのである。幸運にも二度目の試験で受かることができたが、落ちたときには先輩からの「何をやってるんだコイツは」というあきれたような視線が刺さるように痛かった。

だから、最初の時点でそれをカミングアウトすることで、グループメンバーの緊張をほぐそうと考えたのである。皆、最終的に試験を受けるために研修を受けているのであるから、研修を受けていても「落ちたらどうしよう」なんてことを考えていたりする。試験に落ちないようにするためには、今のうちに間違えて失敗しておくことが必要なのだが、自分ひとりでやる問題集ならともかく、ことは同じ資格を持つ十人で行う討議であるからどうしても自意識過剰になってしまう。だから、まずは自分が合格率八割の試験で落ちたこと、上っ面の正解を求めてやっていたことが原因であったことを話すことで、過剰な意識を取り払おうと思ったのである。

しかしもちろん、逆効果ということもある。グループのメンバーは、リーダーとしてこの場にいるからにはそれなりにすごい人なんだろうと思っていたところが、後に受かっているとはいえ「合格率高いのに落ちました」とかいきなり言っちゃっているわけで、グループ割を変えろとクレームがついてもおかしくないところである。

しかし、誰かが鎧を脱ぎ、胸襟を開かなければ、たった三日間しかないグループ研修の中で心を開いて納得のいく議論はできないし、このような結びつきをこの機会だけで終わらせてしまうのは非常にもったいない。

同じ社会保険労務士として、支部もキャリアも越えて付き合っていけるようなそんなグループにしたかったのである。結果、研修とは別にみんなで集まって勉強会をやったり、試験後も集まって情報交換したりとこの研修をきっかけにお付き合いが続いている。

弁護士という存在を知る

資格の王様、弁護士との遭遇

グループ研修の終わりに個別労働関係紛争における書面を作成・提出すると、次の段階であるゼミナール研修へと進むことになる。

ゼミナール研修は、紛争解決手続代理業務を行う上での実践的な能力の涵養を目的として、ケース・スタディーを中心に申請書及び答弁書の検討、争点整理、和解交渉の技術及び代理人の権限と倫理等についてロールプレイ等の手法を取り入れて行われるもので、弁護士によって行われる。

弁護士によるゼミナール

その弁護士……自分は目指したことがないからわからない、というより端から「そんなもんなれるわけがない」と思っていた資格・職業であるが、実際に研修で話を聞くとやはり「すごい人たち」なのだなと思わされた。もちろん、そのような研修の講師として選ばれている人たちだからということもあるだろうが。資格を得るためにかかる労力はもとより、大きいのはその後の修習ではないだろうか。

約1年の修習期間をかけて、事実認定や法律文書の起案など、実務家の個別指導を受けながら実務に関するやり方考え方を学ぶのである。社会保険労務士をはじめ、他の士業にはここまでのものはない。この修習を通して、トラブルになったときの相手との交渉の仕方や依頼人のために具体的にどう動くのかを身に着けていくのである。

弁護士は万能？

弁護士は「基本的人権の擁護、社会正義を実現」をその使命としている。業務に関してはすべての法律分野、法律業務を扱うことができ、弁理士および税理士の事務も行うことができる（※1）。

しかし、多くの弁護士は自分の中で専門分野を持っている。まずは「刑事・民事」、民事の中でも相続・離婚・会社倒産・労働問題などと分かれる。

もちろんこれらは、「それしかやりません」ということではなく、「その分野の経験を多く積んでいますよ」という意味であろう。この部分については後述することにするが、こうすることがその弁護士の活動の大きな要素を占めることになるのである。そんな中で、労働問題を扱う弁護士も当然いる。そしてこの「労働問題専門弁護士」は「労働者側」か「経営者・事業主側」であることを明言して活動を行っている。ただ、全体としてみると非常に少ないという印象がある。なぜだろうか。その理由が隣接法律資格である社会保険労務士がいるから、ということであれば嬉しいことではあるが。

実際、労働問題専門の弁護士と我々社会保険労務士の間で業務が被ることがないわけではないが、現場ではうまく棲み分けできているように思う。それは、同じ問題に取り組むにしても「やること」「できること」が違うからである。

弁護士が動くのは、トラブルが起きそうな兆しがあるとき、または起きてからがメインで

※1　弁護士法第1条、第3条

第1条（弁護士の使命）　弁護士は、基本的人権を擁護し、社会正義を実現することを使命とする。

2　弁護士は、前項の使命に基き、誠実にその職務を行い、社会秩序の維持及び法律制度の改善に努力しなければならない。

第3条（弁護士の職務）　弁護士は、当事者その他関係人の依頼又は官公署の委嘱によつて、訴訟事件、非訟事件及び審査請求、異議申立て、再審査請求等行政庁に対する不服申立事件に関する行為その他一般の法律事務を行うことを職務とする。

2　弁護士は、当然、弁理士及び税理士の事務を行うことができる。

ある。もちろん「予防」という考え方もあるが、痛みを覚えないうちから予防に努めようとする事業主は非常に少ない。

対して我々社会保険労務士は、扱う分野がそもそも「労働関係」ではあるが、トラブル対応専門ではない。事業主が事業を拡大する中で、雇用という分野で日々の手続きなどを通じて労使の関係作りをサポートしていく。労働基準法など関係法令を守りつつ、労使それぞれの利益を尊重しながら事業活動と労働者の生活に貢献していくのがその使命である。しかしながら、いざトラブルが起き、それが大きくなって訴訟などに及んだ場合、我々社会保険労務士にできることは少なくなってしまう。

平成28年施行の法改正において、社会保険労務士が補佐人として法廷に立つことができるようになるなど、先人たちの努力により少しずつ業務分野が広がってきたが、やはり法廷は「弁護士のもの」という状態なのである。

▼社会保険労務士、法廷に立つ？

では、我々社会保険労務士が単独で法廷に立てるようになる日はくるのか？

我々社会保険労務士の試験は「労働・社会保険法令」がその科目を占めている。社会保険労務士としての業務を行うに当たってはどれも外すことはできないし、8科目と聞けば「そんなにあるの？」と思う人もいるだろう。

しかし裁判となれば多いどころかどころか実は「足りない」という声が上がってしまうのだ。例えば、試験科目でもあり、労働法の代表的な法令でもある「労働基準法」は、民法の特別法である。私人関係を規律する法律である民法をベースに、雇用関係という範囲に効力が限定されているのが労働基準法なのである。労働基準法は試験科目ではあるが、民法は試験科目にない。この違いがどこに影響するのだろうか。

例えば労使トラブルの原因の代表である「解雇」について民法第627条（※2）では「当事者が雇用の期間を定めなかったときは、各当事者は、いつでも解約の申入れをすることができる。この場合において、雇用は、解約の申入れの日から二週間を経過することによって終了する。」とされている。つまり、この規定だけ見れば雇う方も雇われる方も2週間前に解約を通告すればよいことになっている。契約自由、両者が対等であるという扱いである。一方、労働基準法第20条（※3）では「使用者は、労働者を解雇しようとする場合においては、少くとも三十日前にその予告をしなければならない。」とある。雇用関係において労働者を保護するため、雇う側からの解消の申し入れをする期間のみが長くなっているのである。そして一方労働者については、労働基準法に規定はないから、民法の原則に戻って退職の申し出をしてから2週間が経過すれば雇用関係は終了することになる。もちろん、この部分については業務の引継ぎや欠員補充の関係で就業規則などによってそれよりも前に申し出をするよう定められていることも多いのであるが。

資格を取るための試験勉強の時には、単純に「労働基準法のみ覚えておけば……」と思いがちだが、本来は民法の原則がどうなっていて、その上で労働基準法がどのように規定されているかというところまで学んでおくべきものであろう。弁護士と連携して業務を行うような場合でも、必要になってくるのである。

※2　民法627条1項

第627条　当事者が雇用の期間を定めなかったときは、各当事者は、いつでも解約の申入れをすることができる。この場合において、雇用は、解約の申入れの日から2週間を経過することによって終了する。

※3　労働基準法第20条

第20条　使用者は、労働者を解雇しようとする場合においては、少くとも三十日前にその予告をしなければならない。三十日前に予告をしない使用者は、三十日分以上の平均賃金を支払わなければならない。但し、天災事変その他やむを得ない事由のために事業の継続が不可能となつた場合又は労働者の責に帰すべき事由に基いて解雇する場合においては、この限りでない。

弁護士という存在

さて、そんな弁護士から教わる形になるゼミナール研修である。

ここでの研修内容は、申請書や答弁書の作成のみならず、争点整理や和解交渉の技術に関しては実際に特定社会保険労務士となって依頼人から相談を受けるときには必要になってくるのだが、通常の仕事をこなしているだけではなかなか身に着かないないであろう。

開業社会保険労務士の場合、仕事で実際にかかわるのは事業主、つまり「雇う側」に立つことが多くなる。普段そのような立場で仕事をしていると、従業員である個人からの相談を受ける場合でも、気持ちの中でいつの間にか依頼者ではなく相手側である会社の立場で考えてしまったりして、特定社会保険労務士として求められる「依頼人に寄り添う」ということが必ずしもできなくなってしまうのだ。

そこで出てくるのが「倫理」なのである。

29 結局、倫理とは何なのか

法律家として「生きる」意味を知る

「倫理的に」どうなの？

倫理なんて、高校の社会科以来という人もいるかもしれないが、これがまた重要で、特定社会保険労務士に限らず、士業として仕事をしていく上で必要な素養であるし、特定社会保険労務士試験においてもこれがまったくダメ、ということでは合格は遠くなってしまうのだ。しかしながら、この倫理という概念は、この特定社会保険労務士という存在ができるまで、研修を含めて表立って出てくることがなかった。もちろん、一般的な「職業倫理」という言葉は普通にあったわけだが、「倫理」という言葉を意識させられる場面はほとんどと言っていいほどなかったのが実際である。社会保険労務士法には「品位」という言葉があるが、そういったことを日々意識として持てている社会保険労務士がどれくらいいるだろうか。できてないのはお前だけ、と言われないようにしたいものである。

では、倫理とはいったいどういうものなのか？

倫理を辞書で引くと「人としての道」とか「道徳の規範となる原理」などと書かれているが、やはりよくわからない（一般社会人として「わからない」もマズイだろうが）。そもそも社会保険労務士として仕事をしている自分が、「倫理観がない」なんてことがあるわけない……そう思っていた。それで結局試験に落ちていたわけであるから、やっぱりなかったのかもしれないが。

例を挙げてみたい。社会保険労務士として働いている中で、直接かかわるのは雇う側に立つ事業主がほとんどである。継続的な顧問契約を結び、日常的に相談を受けたりするので、基本的にはその事業主側に立って考えることになる。

しかしながら事業主の会社に顔を出すうちに、そこの従業員とも顔見知りになり、社会保険に関する相談を受けることもある。それはもちろん、その会社との契約に基づいて行っていることではあるが、そこは人と人の関わりであるから、顔見知りになればお互いに挨拶や世間話をするようになったりもする。それは別に良いことであろう。しかし、あるときその社員がリストラなどにより不本意な退職に追い込まれ、身近なところにいる自分に相談してきたらどうだろうか。個人的には顔見知りである相手から、「社長からこんなことを言われたんですけど…。相談に乗っていただけないでしょうか？」と声をかけられたら、どう答えるだろう。

ここまでではないにしても、こういったことは、実は社会保険労務士の日常に潜んでいる。顧問先の総務担当者に「一般論として」法律的な解釈を尋ねられ答えたところ、実はそれに関する案件で総務担当者が個人的に会社と揉めていた、という場合があったりする。総務担当者としては社会保険労務士から事前に聞きだしているからそれを根拠に強気に出る。それに慌てて事業主が同じ社会保険労務士に相談するのである。事前の相談が「一般論として」だったとしても、基本的には同じ答えになるであろう。となると、具合が悪いのは事業主の方である。もちろん、事業主が法律を守っていなかったために従業員が不満を持った結果のことではあるが、「社会保険労務士が余計なことを従業員に教えた」と感情的になってしまい、「従業員の味方ならいらん！」と顧問契約を解除されてしまうようなこともあるのだ。これをどう捉えるかは本人次第だが。

▼結局、倫理とは…

特定社会保険労務士の試験や社会保険労務士会で行われる倫理研修などで学んだ結果、社会保険労務士の「倫理」とは、「依頼人の信頼を損ねない振る舞い・考え方」ではないかと思うに至った。

日々のお付き合いや様々な関係性の中で、社会保険労務士として自分がどのように考え、どのように振舞うべきか。社会保険労務士試験では、こんな問題は出てこない。

そして、社会保険労務士になってからも、実務に関する訓練はしても、こういった思考に関する研修を受けることはなかった自分にとっては、特定社会保険労務士という資格ができて、初めて出てきた概念である。

これは一度や二度研修で学んだからといって身に着くものではなく、普段から意識して意識して、それでもブレたり忘れたりしがちなものだから一定期間を経てまた学ぶ、ということが必要なものであろう。

現に社会保険労務士会では、5年に一度の倫理研修が義務付けられている。これは特定社会保険労務士に限らず、全国すべての社会保険労務士に対してである。

人と人とが交わるところには、理屈だけでなく感情が絡む。人に関わる社会保険労務士という仕事において、これにどのように対応していくか。法律という「理」に凝り固まっても、形のない感情に流されてしまっても労使関係はうまく成り立たないものである。この二つを両立させるには、倫理という「信頼」がなくてはならないのである。

社会保険労務士は法律や業務に関する知識だけでなく、その考え方も問われるものであるということを忘れてはいけないだろう。

Column CASE 6

事務所の名前をどうするか

社会保険労務士事務所の開業に当たって事務所名をどうするか、これがなかなか悩ましい。一般の会社だと、業務内容が一つではないから社名が何であろうと特に問題は無いだろう。営業上どうかはわからないが、「米屋」と名乗って実は「魚屋」であっても極端なことを言えば問題は無いし、むしろ「面白い」と評判になって知名度が上がり定着した結果、業績も上がるかもしれない。もちろん、奇抜さをただ狙っただけでは却って反感を買ってしまうだろうし、定着までには時間もかかるだろう。何よりサービスがきちんとしていることが前提であるのだが。では、社会保険労務士の事務所名はどうだろう?

漢字であれば「社労士」「社会保険労務士」「経営」「労務（労務管理）」「名前＋事務所」カタカナなら「コンサルティング」「サポート」「アシスト」……。社会保険労務士事務所の名前に使われている単語はこの辺が多いだろうか。何かの物になぞらえたり、自身の造語を使ったりとそれぞれに工夫されている。書いてみたときの印象や口に出したときの響きはどうか、長すぎたり短すぎたりしないか。覚えてもらいやすいだろうか。略すとどうなるか？　そもそも電話に出るときに自分で噛んでしまったりしないか。それぞれに思いを込めた事務所の名前、一度決めればそうそう変えることもできないのだから、悩んで当然のことで、中には画数を見る人だっている。もちろん、事務処理上の問題だけなら変えられないことはない。社会保険労務士の場合は都道府県会に届けを出せば変えることはできる。しかし、実際に仕事をしているのであれば事務所名を変えることでいろいろなところに影響が出るのだ。

まずは、事務所の看板や名刺、事務所の封筒、ホームページなどの表記を変えなければならない。顧問先ほか取引先にも通知文を送付したりする必要があるし、会った折には挨拶もしなければならない。「何で変えたの?」と理由を聞かれれば説明も必要になるであろう。その理由を説明するのにも、合理的な理由があれば別に構わないだろうが、「飽きたから」「気に入らないから」なんて理由では士業としての信頼性にまで疑問を持たれてしまいかねない。

だから、事務所名を決めるときはよくよく考える必要がある。思いを込めることは必要だが、思いを込めたから何でもよいというわけでもない。「法律家の一人として事業主を支えたい」からといって「法律事務所」「法務事務所」のような名称にはできないし、「事業主が何でも相談できる便利屋のような存在でありたい」と「便利屋社労士事務所」にするのも、果たしてどうであろうか。そうして考えた結果、皆似たような構成になるのかもしれない。単に「枠からハミ出すのがキライ・苦手」という士業気質から来ているのではなく、自分の思いや語感、顧客となるであろう人が受ける印象などのバランスを取った結果といえるのではないだろうか。

社会保険労務士が開業登録する際は必ず事務所名を登録することになる。開業時には事務所の名前を考えるのも含めてやることはたくさんあるが、事務所の準備を含めてやることは大きな仕事となる。自分がどんな社会保険労務士を目指すのか、どんな事務所にしたいのか。それを見つめ直す機会にもなる事務所名の考案である。「さあ開業だ！　事務所名をどうしよう?」ではなく、開業を意識したところから少しずつ考えておくことをお勧めしたい。

第7章

社会保険労務士の私生活

[社会保険労務士のプライベートとは]

休みは与えられるもの？

社会保険労務士に休日はあるのか？

▼勤務社会保険労務士の場合

サラリーマンである以上、休日は会社によって規定されているはずだ。よってあくまで会社員としての立場で日々の生活を送ることを考えるならば、決められたとおりに働いて決められたとおりに休めばよいことになる。

社会保険労務士の業務に関していえば6月の半ば以降から7月上旬にかけては労働保険の年度更新や社会保険の算定基礎届の業務で忙しくなるだろうし、給与計算に関する業務に携わっているならば11月の半ばからは年末調整で忙しくなり、休日に出勤するようなケースもあるだろう。もちろんその場合のルールも会社で決められているか、場合によっては会社のルールを社会保険労務士である自ら作ったものであるかもしれない。

昨今は政府からも「**ワークライフバランス**（※1）」の推進が推奨され助成金の対象にもなっているため、大手企業をはじめとして取り組む企業が増えてきているようである。

従業員が充実した私生活を送ることができるようになれば、それに連れて仕事にも良い影響が出る。結果として仕事と私生活のバランスが調和することで従業員本人にはもちろん、企業ひいては事業主（経営者）にもいい影響が出るでしょ？　というものであるが、正直なところ、

※1　「仕事と生活の調和」を意味し、「やりがいや充実感を感じながら働き、仕事上の責任を果たすとともに、家庭や地域生活などにおいても、子育て期、中高年期といった人生の各段階に応じて多様な生き方が選択・実現できること」とされる。

「卵が先か、鶏が先か」

という話にも似ている気はする。

ただ社会保険労務士としてこれは考えていくべき問題であろう。その結果どちらが先んじていくべきかを判断し、社内の施策をまとめることも必要であろうし、また率先してプライベートの充実を図りモデルケースとなって会社を引っ張っていく存在となるべきだとも思う。

「社会保険労務士だから」ということではないかもしれないが、間接（管理）部門に所属して会社や経営陣の考えを知り、社会保険労務士として法律を知り、一人の社員として従業員の気持ちを知り、バランスを取りながら進められる立場にいる者はそうはいないのである。

▼開業社会保険労務士の場合

一方、開業社会保険労務士の休日であるが、労働者である勤務社会保険労務士と違っていつが休みとは「決まっていない」のである。

もちろん表面的な「営業日」は決まっているだろう。一般の個人ではなく企業などを相手にすることが多い社会保険労務士の場合、一般的な企業にあわせた営業日として月〜金（場合によっては月〜土）に設定することが多いのではないだろうか。

では、多くの会社が休業している日曜日が完全OFFかといえばそうでもない。実際営業している顧問先はあるし、まして経営者は日曜日だからといって休んでいるわけではないから何かあった場合に電話がかかってくることもある。また開業社会保険労務士も経営者の端くれであるから、電話の少ない日曜日だからこそできる仕事もある。

これでは全く休みがないように思えてしまうが、これは仕事のやり方による。全く休息も取らずに仕事だけしているといつかどこかで息切れしてしまうし、開業した動機のひとつには、

「組織に縛られず、自由に働きたい」

というものもあるので、なんだかんだと自由に休息を取っていることが多い。

それこそ、「今日は仕事せずに寝て過ごす！」と決めてしまえば、平日の朝から寝ていたって構わないのだ。誰に怒られることもない。朝や昼からビールを飲んでいたっていい。どこかの商店のように「本日は都合により臨時休業です」と貼紙をするかは別だが、どうやっても構わないのだ。しかしその結果「あの社会保険労務士は休んでばかりだな。いざというとき対応してくれない」と思われて顧問先が離れていくことがあれば、その責任は自分で取るしかなくなるのだ。自分の行為がすべて自分に返ってくるということを忘れずにONとOFFを上手に使い分けることができれば、これほど楽しいことはないだろう。開業社会保険労務士たるもの、自分のワークライフバランスは自分で実現しなければならないのである。

プライベートは何をしている？

社会保険労務士だって一人の人間、息抜きも必要

▼ネタを仕入れる日々

ここ数年、ブログやSNS（ソーシャル・ネットワーク・サービス）の普及により、芸能人に限らず、一般の人からの発信がしやすくなってきている。ふだんの生活の中で行った場所や食べたもの、起こったことや見つけたものを投稿している人が老若男女問わず増えてきているのは読者の方々もよく目にしていることだろう。「わざわざ人に知らせて誰が興味を持つのか？」という人もいるが、要は使い方なのだろうと思う。仕事の一環で毎日投稿していてもあまり興味を持たれない人もいれば、顧客とのコミュニケーションの材料に使う人もいる。その人の仕事のやり方やキャラクターに合っているかどうかなのだろう。ただ、何でもそうだが毎日やるというのは並大抵のことでは続かない。そしてそれが一定のクオリティを保つのはもっと大変だ。投稿するネタのために積極的にセミナーや研修を受けたり、イベントに参加したりする人もいる。これだけを書くと「そんなことのために…」と思われるかもしれない。もちろんそれが「面白くないけど、投稿ネタのため」では本末転倒になってしまうが、結果的に自身の見聞を広めることにつながるのであれば、それは仕事にもプライベートにも活かせることになり無駄にはならない。年齢性別出身など様々な顧問先の経営者とお付き合いしていくためには、どんな話題にもある程度対応できることが必要だし、それが

自分の幅を広げることにもなるのであれば、プライベートと仕事を完全に切り分ける必要はないし、そんなことはできないのである。

趣味を持とう

とはいえ、自身が気分転換できるものをもつことはやはり必要である。自分にとってはそれが「釣り」であった。釣りに関しては、はるか昔小学生のころに夢中になったことがあったが、大人になるにつれ自然と離れてしまっていた。それが支部のイベントをきっかけに呼び覚まされてしまったのである。

社会保険労務士会では委員会制度を採っており、その中に会員の親睦を図ることを目的としたイベントなどを企画する「厚生委員会」がある。これは地域ごとの各支部でも同じように構成され、支部ごとに活動を行っている。年齢や性別を問わずに参加できるイベントとして「ボウリング大会」や「ゴルフ大会」が企画されたりする中に「釣り大会」と「釣りたての魚を味わう会」があった。つまり自分で魚を釣って食べようという人と、釣りには参加しなくても釣れた魚を味わいたいという人両方が参加できるという、魚嫌いの人以外皆が参加できるイベントだったのである。海なし県出身で子供のころ川でコイやフナしか釣ったことのない筆者はそこで初めて船釣りに挑戦したのだが、これがものすごく楽しかったのである。魚が釣れて楽しい、ということはもちろんだったのだが、なによりも「余計なことを一切考えない時間」を持てたことだ。ふだんは、例えば映画などを鑑賞したとしても主人公の置かれたシチュエーションやふとしたセリフなどから自分の状況などと照らし合わせてしまい、映画に集中できなくなってしまったりすることもあるが、揺れる船の上で潮風に当たりながら竿先や竿を持つ感覚に集中していると「あの会社の規定をどう作ろうか」とか「こないだお客さんと変なやり取りしちゃったな」なんてことは一切思い浮かんだりしないのだ。現実逃避と呼ぶ人もいるかもしれないが、悩みがあるときだってずっとそればかりを考えていると一つの思考ばかりに囚われすぎてしまい、袋小路にはまって出られなくなってしまうことがある。そういう時は一旦頭の中をからっぽにしてもう一度考えることも必要なのだ。そういう意味ではどんなことでもいいから一瞬でも没頭できる趣味のようなものを持つことは自分の心のためにも有効だろう。そして、その楽しみのために仕事を頑張れるようになるのも趣味のいいところだ。

きっかけとなったイベントであるが、それを企画したのは仲間内でも「社労士」で

はなく「社漁師（士？）」と呼ばれている人で、釣り大会のためにハワイまで行ってしまうなど映画「釣りバカ日誌」のハマちゃんのような人であるが、そこまで没頭できるのも開業社会保険労務士ならではであろう。しかしその趣味が仕事を支えているともいえるのである。

32 社会保険労務士の婚活事情

社会保険労務士はモテる？　モテない？

▼社会保険労務士の婚活

世の中「婚活！　婚活！」とかまびすしいが、晩婚化または非婚化がそれだけ深刻だということなのだろう。では社会保険労務士の業界はどうなのか？　正直なところ、社会保険労務士の業界だからどう、ということはないと思う。ただこれも、勤務社会保険労務士と開業社会保険労務士で状況は異なってくるだろう。

勤務社会保険労務士であれば、あくまで「会社員」の立場であることが多いのでいわゆる「社内恋愛」「社内結婚」という話は普通にあると思われる。しかしこの勤務社会保険労務士の中でも、社会保険労務士事務所に勤務している勤務社会保険労務士となると事情は違ってくる。なにせ、一部の大きな事務所や社会保険労務士法人を除けば職員は少ないケースが多い。全員が独身の異性とは限らないし、場合によっては職員が自分だけ、ということもある。社会保険労務士の有資格者における男女比は他士業と比べても女性の比率が高く、7：3くらいと言われている。恋愛を期待して職場を選ぶものではないし、社会保険労務士事務所に限らず他の業界でも職場は同性ばかり、ということがないわけではないが、タイミングによっては結果として職員が「男性だけ」または「女性だけ」に偏ってしまうこともあるため、職場を通じた「出会い」はあまり期待できないかもしれない。

▼社会保険労務士はモテるのか？

これは筆者が語ってはいけないテーマなのかもしれない。自分だけの経験でいえば結論は「モテない」のだが（早いな）、それは「社会保険労務士とは関係ない」話になってしまいそうなので細かく考察してみたいと思う。

「社会保険労務士がモテるのか」ということについて考えると、個人の持つ資質やキャラクターではなく職業としてのイメージで考えることになるが、一般的にモテるであろう職業をネットで検索すると、男性ならば、「弁護士・会計士」「外資系企業勤務」「公務員・キャリア官僚」「商社マン」「医者（特に開業医）」などと言われ、女性ならば「幼稚園・保育園の先生」「教師」「看護師・歯科衛生士」あたりらしい。

男性はバリバリ仕事して安定して稼いでいる感じがするし、女性は優しくしてくれそうな雰囲気に満ち満ちている、といったようなところが特徴だろうか。結婚相手に求めるイメージとしては悪いことではないのだろう。では男性の職業として見た場合、本当のところはどうなのだろう？　まずは「知られていない」というのが一番大きいのではないかと思う。女性に限らず、多くの人は弁護士、税理士は知っていても社会保険労務士は「知らない」人が多い。イメージが良い悪いの問題ではなく、「知られていない」のである。その場合は国家資格であることや、開業・勤務の立場で説明することになるがおそらく通り一遍の説明ではピンと来ないことが多いのではないか。また、開業＝自営業者ということで収入が不安定だと思われたりすることもあるだろうが、そういった意味では弁護士や開業医も同じなのだから、後は自分が頑張るしかないのだろう。

では女性はどうだろうか。これも勤務か開業かで変わるかもしれないが、勝手なイメージとしては「法律系の資格持ち↓理屈っぽい↓メンドクサイ」と思われてしまう可能性がなきにしもあらずか。社会保険労務士である女性とお付き合いしたことはないが、皆さん一生懸命お仕事をしていて素敵な人が多い。やはり社会保険労務士もサービス業なので、身だしなみにも気を使い、またいつもハツラツとしているせいか実年齢よりも若く見える人が多いのも特徴である。これはあくまで個人的な感想ではあるが、社会保険労務士に限らず個人で事業をやっている女性は男っぷりも女っぷりも良い人が多い。人の好みは十人十色と言うが、いきいきと働く女性が好きだという男性には、社会保険労務士の女性はうってつけかなのかもしれない。

結論として「社会保険労務士であることをもってモテることはない」と言い切ってしまうことにする。別に後悔はないけれど、「職業だけで」モテるならもっと違った人生があったハズ（泣）である。実際、開業してからお付き合いするようになった弁護士はじめ士業の人たちには結構独身者が多い。そして彼らは独自のネットワークで合コンと呼ばれる婚活（?）を続けている。良い成果報告はあまり聞かないが。

士業の婚活とは

「士業は資格という鎧を着ている」と前にも書いたが、これは婚活を始めとした人間関係にも出ている気がする。みんなで騒ぐと明るく楽しいが、異性と一対一になると途端に押し黙ってしまう人、仕事なら問題ないのにプライベートだと相手の目を見て話せなくなる人、プライドが邪魔して素直になれない人…。他人とのコミュニケーションがうまく取れないことを「コミュニケーション障害（略してコミュ障）」というらしいが、事務的な対応は問題なくできたりする場合もあるようだからややこしい。つまりは、オフィシャルな場面ではとりあえず問題ないが、プライベートだと別人になってしまう、ということか。人間だからギャップがあって当然だし、職業柄ポーカーフェイスでいることが必要な場面もあるが、オンとオフであまりに違いすぎるのも、対象が狭まってしまうことになるだろう。

また、国家資格を持っていることに誇りを感じることも一向に構わないと思うが、一対一で仕事も関係なく人間として相対するしかないところで、始終プライドとやらを見せつけられても相手としたら鬱陶しくて仕方ないだろう。相手にしてみれば仕事と全く関係のないところで「国家資格者でござい」という顔をされても何の足しにもならないのである。

ただ、婚活となるとそうでもないらしい。例えばいわゆる婚活パーティーなどでは職業限定のものがあったりするし、それを目当てに来た女性陣からはさすがにモテることもあるらしい。やはり結婚を意識するとなれば、経済的なこともないがしろにはできないから、そんな時に資格が物を言うということのようだが、資格がお金を運んでくるわけではないし、結局は生活力があるかどうかの問題だろう。それ以前に同じ空間にいて心地良いと思える人だとお互いに思えなければ、結婚生活も何も成り立たないと思うのだが。このあたりの話はいつも堂々巡りになってしまう。

仕事や趣味に精一杯取り組んで、人間的魅力をつけていくことが結婚への近道ではないだろうか。

▼出会いはどこに

人間的な魅力を身に着けたところで、出会いがなければ意味がない。確かにその通りだ。仕事だけしていては職場恋愛でもない限り難しいだろう。顧問先？　わざわざ期待するべきものではないが、結果的に「ご縁があった」ということになればそれもアリだろう。接触頻度が増えれば親しくなるのは当然だし、そういった場で魅力的に見られることは仕事にとっても大事な要素であると思う。最後は人と人とのお付き合いだからどういうことが起こってもおかしくはないだろう。しかし「出会いがあれば別れもある」関係を期待してそれを仕事の中に持ち込むのは後々自分の首を絞めることになりかねない。このような場合に資格の有無は関係ないのかもしれないが、それでも「国家資格者のクセに」と言われてしまうようなことは避けなければならない。「公私混同」と言われないためにも、くれぐれも注意するべきだろう。

Column CASE 7

電話秘書サービスの利用考察

一人で開業すると、当然のことながら何でもすべて自分でやらなくてはならなくなる。となると問題なのは事務所の電話受付である。ホームページやチラシを見て初めて電話をかけてきた人、その人は間違いなく顧問先の候補である。営業の電話も結構あったりするのだが。最初のきっかけとなる大事な電話にたまたま外出中で出られなかったら。もちろん今は電話転送サービスもあるから、自身の携帯電話に転送することもできる。それでも移動中や打ち合わせ中で出られなかったら…もしかしたらそれっきりかもしれない。

新規顧客からの問い合わせの機会を逃さない、また既に顧問契約している顧客に対するサービスとしてかかってきた電話を自分に代わって受けてくれる電話秘書サービスというものがある。

これは、かかってきた電話をサービス会社のオペレーターが一旦受けて「本人は外出しているので後で折り返す」旨を伝え、電話をかけてきた人の名前と連絡先を通知してくれるサービスである。これがあると、かかってきた電話に「出ない」ということはないからお客さんにとっては「またかける」という手間もなくなる。また「電話というボールを投げようとしたのに受けてくれる人がいない」ということがなくなり心理的にも一旦収まるため「あそこはいつも繋がらない」という不満を持たれなくなる。

反面、このサービスではかけるたびに電話の受け手が変わることもあり、初回の電話ではわからないが複数回かけるといかにも「電話秘書サービスを利用しています」というのがわかってしまう。このサービスは様々な業種の会社が利用しており、それぞれに電話をかけてくる人も様々なため、電話の受け手となる人は極めて事務的な対応をすることが多い。既に顧問契約をしているお客さんがそれを「対応が冷たい」と嫌うことが多いのである。事情も知らないのにヘタなことを言われても困るのだが、事務所の職員ではないのだから愛想よく応対してくれることを期待することはできない。しかし顧客の気持ちを無視するわけにもいかないため、顧問先には携帯電話番号を教え、電話秘書サービスにかけてくるのは初見の人だけになるようにしている人もいる。

もちろん、電話番をしてくれる人を雇用すれば「○○様ですね。いつもお世話になっております！」と気持ちを込めた対応をしてもらうことは可能だ。細かいことではあるが、まさに顧客との関係がそういった日頃のやり取りから作られていくのである。しかしそれはそれで給与を始めとしたコストがそれなりにかかる。教育だってしなければならないのだ。しょっちゅう電話がかかってきて、それが売り上げに結びついているのなら電話番のために人を雇うこともできるが、開業して間もない身でいきなりそういう状況にはならないだろう。しかし、利用することで自身が電話の応対に悩まされることは減るのだ。

会社によってオペレーターの評判の良いところ、イマイチなところがあり、また料金も一定の件数までは定額で済む固定制や、かかってきた件数に応じて料金が変わる従量制など、料金体系も異なってくる。実際のところどうなのか、利用している人に聞いてみたり口コミサイトなどを見て検討する人もいるようだ。コストとサービスのバランスをどのように取っていくのかは各々で考えるべき問題であるが、使い方次第で十分な仕事の助けになってくれるであろう。

エピローグ

これから社会保険労務士を目指すみなさんへ

ここまで、社会保険労務士として働く自身の経験などを交えてきたが、どうだっただろうか。国家資格とはいっても、他にも様々な資格がある中で社会保険労務士に興味を持った理由は人それぞれであろうが、この仕事に興味を持ってもらえたことは一社会保険労務士として非常に嬉しいことである。

この気持ちは実際に仕事をしているときにも感じることがある。顧問先の担当者と仕事の上でお付き合いをしている中、ふとしたときに

「今度社会保険労務士試験を受けてみようと思います」

と言われたときだ。そのときになぜ？　と尋ねることはあまりしないのだが、たまたま教えてもらったときのものが、

「自分が困っているときにアドバイスをもらって、すごく目の前が開けた思いになった。資格を取れば自分もこういう風になれるかもしれないと思った」

というものだった。自分としてはごく当たり前のことをしているつもりであったし、人に関わることだけに自分では的確と思ったアドバイスが裏目に出ることもないわけではない。ただ結果として解決することができ、担当者としてもホッとしたところだったのだろう。その上でこう言ってもらえることは無上の喜びである。

ただ、うがった見方をすれば逆もある。

「コイツがこの程度で『社会保険労務士でございい』と言ってやれているなら自分にもできるな」で社会保険労務士を目指すパターンだ。これはこれでもいいと思う。

顧問先の担当者の人たちだって、社会保険労務士としての経験がないのは当然としても社会人として、人間としてそれぞれいろんな経験をされている。その幅も深さもみな違うのだ。起こるトラブルは一見同じようであっても、そこに至る経緯や当事者の考え、納得できる結末がどういうものであるかは都度違う。相談を受けた社会保険労務士の側も、法律や規則をベースに考えるとしても当事者たちにとってなにを重要なポイントと考えるかなどは、その本人の人生観や経験に負うところも多いのである。様々な人生経験によって培われた感覚が、この仕事では生きてくるのである。

社会保険労務士として持ち込まれる相談案件はほとんどが労務トラブルだが、それを防ぐために多くの経営者は労働契約書や就業規則をきっちり定めたい、と言う。もちろん非常に大事なことであるし、これについては社会保険労務士として喜んで応じるのだが、そこにかかる期待というのが「水戸黄門の印籠」のごとくそれを見せれば相手がひれ伏すレベルのものを求められることがある。

無論、最終的に争いになってしまったときには労働契約書や就業規則の内容がものをいうのは当然なのだが、そもそもそう書かれていたのになぜ争いになってしまったかが問題なのだ。どんなにきっちりと書かれていようがそれが相手に伝わっているのか、最初は伝わっていたけど長い年月のうちにウヤムヤになってしまったり、忘れられてしまったりすることもある。だから単純に書いておきさえすればよい、ということではなくて普段からどう関わるかが大事なのにそれが理解されていないようなのだ。

だから、ちょっとした言葉の行き違いや一方が期待を裏切られたと感じてしまったようなときにトラブルになってしまうのである。トラブルが大きくなるのは、結局感情がもつれたときだ。例えば、経営者は従業員に支払う給与に見合う労働やその成果を期待する。また従業員は自身の労働や成果に見合う給与や評価を期待する。一般的には多少の不満があっても「まあこんなもんか」とある程度の幅をもって納得しながら日々を過ごすのだ。だが何かをきっかけに、例えば評価であるとか、それに伴う昇給、または成果を出す前の時点での権利の主張など、普段は多少の不満がある中「まあまあ」と押さえていたものがふと顔を出すことがある。そのときに「そうは言ってもこっちだって我慢してるんだ」とばかりに反撃されると、人というのは収まらなくなる。まさに売り言葉に買い言葉となってしまうのであろう。

長く続いた景気の低迷による影響だけでなく、コロナ禍という未曽有の災厄により、我々の顧問先となるであろう中小企業には余裕がないところが多い。その結果経営者側も〝大人の対応〟ができず、従業員側の強い反発を受けてしまうことがある。また従業員に対する接し方がわからなかったり、強い思い込みから結果として間違えた対応をしてしまうことがある。そしてもちろん、相性もある。それまで表面的には円満であった労使関係が、些細な不満をきっかけにしてお互いに「これ以上ここでは働けない」「従業員として顔を見るのも嫌だ」と考えるようになってしまう。こんな時、従業員からすると「ここで大人しく引いてしまうのは自分が損をするようで悔しい」という思いにとらわれてしまうのだ。条件面への不満に端を発したトラブルが大きくなってしまうのは結局「あのときの言い草が許せないから」という感情的な要素が持続、拡大させてしまったりするのである。

もちろん実際には法違反の案件もあるので、すべてが感情的なものばかりではない。しかし通常なら揉めずに済んだはずのケースなのに、経営者側のプライドから出た余計な一言がきっかけで泥沼になってしまうようなこともあるのだ。

このような場合に、単純な法律論の話だけでは本当の解決はない。もちろん最終的には法律の話になってしまうかもしれないが、それを踏まえた上で気持ちの問題にどこまで踏み込んでいけるのかが、社会保険労務士としての存在意義であると思う。結局なぜ揉めることになってしまったのか。従業員に聞いてみると「待遇については仕方ないと思っている部分もあったけど、社長と話した時のときの一言が許せなかった」といったようなことが結構あるのだ。

そのようなときに、双方が繰り出す強い「思いの波」を受け止め、納得まではいかないとしても理解してもらえるようなアドバイスをするのが、防波堤たる社会保険労務士の役目である。

▼先輩に感謝し、後輩に愛情を

半世紀を超えるとはいえ、士業の中でも比較的歴史の浅い社会保険労務士であるが、ここまでになるには諸先輩方の多大なご苦労があったと聞いている。資格が創設された当初は携わることができなかった業務を、地道な活動を通して法律改正に結びつけ、現在では当たり前のように業務として行っているのである。我々がこれからやるべきことは、諸先輩方が引いてくれたレールをさらに長く、さらに複線化して社会や国民のために役割を果たしていくことであろう。経営者や労働者と共に歩いていく中で、やりがいを見出し、そして自分の人生も充実させていくのだ。社会保険労務士試験の問題は毎年難易度が上がり、また合格率も下がるなどどんどん狭き門となっている。その苦難を乗り越えた優秀な人たちが新たに社会保険労務士となっていく。先に社労士を名乗る我々が彼らに対してできることはなんだろうか？　それは、自分たちが先輩たちから受け継いだ英知や経験を後輩へとバトンタッチしていくことではないだろうか。自分たちが受けた恩を直接返すのではなく、次の世代の後輩に恩送りしていくことだろう。

最後に

ここまでずいぶんと偉そうに書いてきたが、この本を読んで「社会保険労務士、意外と面白そうだな」と思ってくださった方。興味を持ってくれて非常にありがたく思う。「絶対社会保険労務士になる!」と決意してくださった方、簡単ではないかもしれないが心から応援したいと思う。社会保険労務士を志すことでもしかしたら失うものがあるかもしれないし、安易に勧めることがいいこととは思わないが、あなた方が受かるであろうその試験の先にある世界で、一緒に仕事ができる日を楽しみにしている。誰もが働く喜びを感じられる未来で、多くの社会保険労務士が活躍する日が来ることを願ってやまない。

●著者紹介

久保　輝雄（くぼ　てるお）

藤原・久保労務経営事務所

大学卒業後、専門商社に営業職として入社。将来の独立開業を目指して社会保険労務士資格を取得後、都内大手社会保険労務士事務所に勤務。従業員規模1名～4万名の顧問先を常時20社担当する中で、従業員の入退社手続き、給与計算、就業規則作成、助成金申請、労務相談等対応。

独立後、多くの士業や事業主と関わる中で「仲間」が事業を進める原動力となっている姿を目の当たりにし、孤独になりがちな事業主の話をとことん聞き、寄り添うことが社労士の本当の役割であると思い知る。労務管理をはじめとした社労士の業務はもちろん、顧問先同士をつなげたり、社長の公私に渡って必要な専門士業やサービスを紹介することに力を注ぐ。穏やかな雰囲気と、その人柄から「"士業"っぽくない」「話しかけやすい」「説明がわかりやすい」と顧問先から好評を得る。

事業のやりがい、苦しさを分かち合うことで顧問先同士の信頼関係を構築しながら成長を続けるその姿勢が事業主の信頼を集めている。

- **HP**：http://www.fk-roumu.com
- **Facebook**：https://www.facebook.com/teruo.kubo.3

●イラスト：mammoth.

社労士の「お仕事」と「正体」がよ～くわかる本［第2版］

発行日　2024年　3月　9日　　第1版第1刷

著　者　久保　輝雄

発行者　斉藤　和邦
発行所　株式会社　秀和システム
〒135-0016
東京都江東区東陽2-4-2　新宮ビル2F
Tel 03-6264-3105（販売）Fax 03-6264-3094
印刷所　日経印刷株式会社　　Printed in Japan

ISBN978-4-7980-7071-1 C0036